MARIE et HUBERT DEVEAUX

COMMENT TRAIRE UNE POULE ?

MANUEL À L'USAGE DES NOUVEAUX CAMPAGNARDS

Chiflet&Cie

Sommaire

À Céline,
qui rêve de pincer des tomates…

Introduction

Tout le monde croit connaître la campagne, en particulier les audacieux citadins qui s'y rendent en week-end et ceux, encore plus aventureux, qui décident de partir y vivre. Grossière erreur.

Ce n'est pas parce que *Connaissance du monde* n'a jamais programmé de conférence sur *La Creuse, terre de contrastes* ou *Le Limousin, ses charmes et ses périls*, que la campagne ne doit pas être considérée comme un milieu étranger, voire hostile, que l'on doit appréhender avec prudence.

Un guide pour la *terra incognita* nous a semblé indispensable. Pour comprendre la campagne, il suffit d'analyser les us et coutumes de ceux que nos technocrates nomment «les nouveaux acteurs de la vie en milieu rural» et que nous nous contenterons d'appeler les nouveaux campagnards.

Il existe sept grandes variétés de nouveaux campagnards: l'éleveur de chèvres post-soixante-huitard (espèce en voie de disparition), le résident secondaire et son corollaire obligé, l'invité, l'ex-citadin installé à la campagne (qui peut-être un néorural ou un rurbain), le propriétaire de chambres d'hôtes (que nous appellerons l'hôte) et le campagnard étranger.

Ces catégories ne sont pas étanches, et le nouveau campagnard peut passer d'un statut à l'autre : le résident secondaire peut devenir invité et réciproquement, le propriétaire de chambres d'hôtes – souvent un ancien résident secondaire ou un néorural – peut se lasser de cette activité éreintante et redevenir un simple néorural ou même (cela s'est vu) un nouveau citadin.

En tout état de cause, la campagne, comme beaucoup de choses, s'apprend en « campagnant », mais quelques connaissances de base sont cependant nécessaires. Vous découvrirez au fil de ces pages que si le lait de poule existe, cela ne veut pas dire que ces volatiles ont des mamelles, que buter les asperges ne fait pas souffrir ce délicieux légume, et bien d'autres curiosités…

CHAPITRE 1

L'éleveur de chèvres

Nos lecteurs sont sans doute nombreux à n'avoir pas vécu l'exode citadin des années 1970. Les acteurs de ce mouvement étaient pour la plupart des étudiants chevelus. N'ayant pas trouvé la plage sous les pavés du boulevard Saint-Michel, ils partirent chercher l'herbe sur le plateau du Larzac.

C'était juste après Mai 68. Parmi les milliers de manifestants qui dépavaient les rues en chantant « CRS-SS ! », certains sont devenus patrons de presse ou députés européens, d'autres ont repris les affaires de papa. Il en est qui ont continué leurs études et se sont transformés en cadres qualifiés de jeunes et de dynamiques. D'autres encore ont intégré l'Éducation nationale et y sont toujours. Et quelques poignées d'idéalistes ont pris la clef des champs.

Ils ne partaient pas tous élever des chèvres, mais tous quittaient la ville. Non pour s'éloigner de la pollution de la cité, comme le feront beaucoup plus tard d'autres citadins, mais afin d'abandonner les horreurs de la civilisation et de la société de consommation réunies.

Personne ne pensait alors à appeler ces doux rêveurs des « porteurs de projet[1] ». D'ailleurs, en avaient-ils ? Ils avaient surtout des raisons de partir…

LES RAISONS DU DÉPART

Les officielles

• Le refus de la société de consommation.
• Le désir de retrouver les vraies valeurs.
• La recherche d'authenticité.
• La création de nouvelles relations humaines.
• L'invention d'une nouvelle forme de société.
• Le besoin d'une rupture dans un avenir tracé d'avance.

Les officieuses

• s'éloigner des parents ou de la belle-mère (pour les couples mariés) ;

1. Porteur de projet : on désigne ainsi aujourd'hui toute personne qui est sur le point de faire quelque chose. S'installer à la campagne, créer une entreprise ou une association, organiser une manifestation commerciale ou culturelle… Vous et moi dirions : une personne qui part s'installer à la campagne, un créateur d'entreprise ou d'association, un organisateur de manifestation… mais nous ne parlons pas techno. Ces gens PORTENT des projets et remplissent des dossiers pour tenter d'obtenir subventions ou aides de l'État qui – comme par hasard – ne s'appliquent jamais à leur cas.

- abandonner, sans avoir à le justifier, des études calamiteuses ;
- partir vivre avec des gens qu'ils avaient choisis ;
- le dogue allemand manquait d'espace rue Mouffetard ;
- le lycée où était inscrit l'enfant était vraiment trop mal fréquenté ;
- la copropriété avait refusé d'installer un chauffage solaire sur l'immeuble de la rue Claude-Bernard ;
- tous les vols pour Katmandou étaient complets.

L'installation

On a peu de statistiques sur le nombre de départs de ces sympathiques soixante-huitards. On connaît cependant assez bien les régions vers lesquelles ils se sont dirigés.

On a parlé du Larzac, mais on a aussi repéré nos hippies en Bretagne, où la musique celtique résonnait agréablement à leurs oreilles.

Le soleil de la Provence et son climat propice à la culture du chanvre indien attirèrent également nombre de nos nouveaux paysans, ainsi que d'autres régions situées au sud de la Loire. Certains endroits furent cependant épargnés par cet exode.

Nos candidats au retour à la terre émigrèrent donc vers les zones délaissées par les ruraux qui, eux, continuaient à déferler sur les zones urbaines. Cette désertification des campagnes, commencée depuis plus d'un siècle et qui se poursuivait gaillardement, leur permit d'acquérir à vil prix hameaux abandonnés, bergeries en ruines, mas délaissés et manoirs délabrés. Courageux mais souvent inconscients, ils s'échinèrent à les restaurer.

Hélas, la maîtrise du bas latin ou du calcul des intégrales ne rend pas apte au maniement de la truelle. Elle ne conduit pas non plus à l'expertise en évacuation d'eaux usées sur terrain calcaire. Ça n'est pas à la Sorbonne qu'on s'exerce à monter sur des échelles ou à porter des tas de tuiles.

Le mal de dos, les ampoules ou les entorses furent légion. On regrettait d'avoir séché les cours de gym pour lire Sartre et Proust, mais ça n'aidait pas à remonter les murs.

D'autre part, le sable, la chaux, la pierre, le bois et le fil électrique, quand il en faut des tonnes ou des kilomètres, finissent par coûter très cher. Les économies fondaient avant que les ruines deviennent habitables.

Plus d'un projet tourna court, et des bâtisses sur le point de renaître retombèrent dans l'oubli avant de faire le bonheur d'autres citadins avides de campagne.

Les lieux où les installations se sont révélées difficiles

- La périphérie du golf de Saint-Nom-la-Bretèche.
- En Corse, où il y avait déjà trop de chèvres.

• Sur une péniche amarrée dans le port de Saint-Tropez.

• Dans la presqu'île de Saint-Jean-Cap-Ferrat.

• Dans les châteaux en ruines. (Ruines ou pas, ce sont des propriétés privées. Même si un vieux prince, duc ou marquis les a laissés à l'abandon, ils appartiennent à l'État.)

• Dans le 9-3.

La vie quotidienne

Ceux qui parvinrent à maîtriser l'aspect architectural de leur projet n'étaient pas au bout de leurs peines. Pour la plupart, ces utopistes ne connaissaient de la nature que les pentes neigeuses des Alpes l'hiver et les bords de mer l'été. Ils ne faisaient pas la différence entre une vache et un taureau.

Il était trop tôt pour qu'ils aient lu Claude Michelet qui, en 1975, décrivit son long apprentissage du métier d'agriculteur. Ils ignoraient beaucoup de choses…

AH ! S'ILS AVAIENT SU QUE…

• Tout ne s'apprend pas dans les livres.

• Il n'y a pas d'escargots mâles ou femelles, ils sont hermaphrodites.

• Les femelles (chèvres ou moutons) mettent bas toutes au même moment – et plutôt la nuit.

• En hiver, l'eau gèle dans les abreuvoirs, il faut casser la glace.
• Les prix des foies gras et des cuisses de grenouilles en provenance des pays de l'Est sont imbattables, inutiles d'essayer de concurrencer ces importations.
• Les chèvres mangent tout ce qui traîne, y compris les sandales et les portefeuilles.
• Personne n'est parvenu à cultiver des girolles ou des cèpes.
• Même gérée par un agrégé de grammaire plein de bonne volonté, une exploitation trop petite pour être rentable reste déficitaire.
• Si les paysans de souche ont abandonné de ravissantes fermes de Lozère, ils avaient leurs raisons.
• Les amis parisiens se lassent de venir dans une maison humide manger du pain mal levé et des fromages de chèvre pâteux.

On a essayé de comprendre pourquoi ça avait rarement marché. Les impétrants accusèrent soit la difficulté du métier de paysan et/ou la dureté de la vie à la campagne et/ou la méfiance – pour ne pas dire plus – des ruraux, et/ou la défiance – pour ne pas dire plus – du Crédit agricole. Toutes ces explications sont valables. Mais ils n'avouent toujours pas que la vie en communauté fut l'une des causes principales de leur échec.

Antoine qui pince les fesses d'Élisabeth devant

Mathilde qui elle-même s'est laissée embrasser par Jean-Marc, tandis que Béatrice venant de rompre avec Jean-Pierre fait les yeux doux à Antoine et que Mathilde, du coup, devient très agressive avec tout le monde… On avait beau avoir discuté des nuits entières de l'amour libre et de la liberté sexuelle, la jalousie et l'amour rendaient les choses compliquées…

De la même façon, on voulait bien bosser des heures pour installer la bibliothèque de la pièce commune, mais il n'aurait pas fallu que Caroline – qui n'avait pas cloué une seule étagère – se planque derrière les caisses de livres. Pendant que les autres trimaient, elle dévorait les *San Antonio* qu'elle n'avait jamais eu le temps de lire. Ce qui – comme de nombreuses autres gouttes d'eau – fit déborder des vases emplis à ras bords de corvées mal partagées.

Le look

L'éleveur de chèvres mâle avait les cheveux longs (attachés souvent en catogan) et parfois la barbe emmêlée. À l'origine, il ne connaissait que le velours côtelé (refusant l'américanisation forcenée de cette « société de merde », il avait évidemment abandonné le jean), la laine cardée par ses soins et les chemises de coton achetées au marché.

L'éleveuse de chèvres avait des jupes et des cheveux longs ; elle portait des pulls tricotés par ses soins qui n'avaient ni forme ni couleurs, sinon pour ces dernières des teintes que seule la méthode *tie and dye*[1] permettait de réaliser.

Les spécimens survivants ont abandonné l'uniforme et se sont reculottés de jeans. On n'en voit cependant jamais en jogging et en baskets. Les bottes en caoutchouc et les gros croquenots portés l'hiver sont remplacés par des sandales en cuir l'été. Ces dernières étant l'apanage de ceux qui ont ajouté l'artisanat du cuir à leur activité d'élevage…

État des lieux

Les retours à la ville ont été nombreux. On signale cependant quelques implantations réussies ici ou là.

Des hameaux restaurés dans des contrées où le tourisme vert s'est développé sont devenus des gîtes recherchés des citadins. Nos anciens soixante-huitards se sont reconvertis en loueurs de maisons et de chevaux. Ils n'hésitent pas certains soirs à ressortir leur guitare et à régaler leurs hôtes de vieux airs de Bob Dylan et de Joan Baez. Ils font partie du conseil municipal du village et participent à la vie locale. Certains sont à

1. Pour nos lecteurs trop jeunes n'ayant pas participé à des séances de création collective de *tie and dye,* voici quelques explications : cette méthode de teinture en vogue dans les années 1970 consistait à nouer le linge à teindre avant de le plonger dans des mixtures confectionnées à la maison. Ces dernières, à base de thé, de jus de betterave et autres ingrédients naturels, donnaient aux tissus traités des couleurs délavées qui évoquaient un fort dérangement intestinal ou une indigestion de fraises !

l'origine de festivals ou de fêtes à l'ancienne qui redonnent vie à des coins reculés.

C'est d'ailleurs dans ces foires et ces festivals que l'on rencontre les rares survivants de ces années révolutionnaires : vendeurs de fromage de chèvre, de confitures et de miel, artisans d'art. Sur leurs étals se côtoient bûches cendrées, bougies de cire, puzzles en bois et ceintures en cuir repoussé. Ils sont encore marginaux mais, à voir les étiquettes des bocaux et les accroches sur les vitrines réfrigérées dans lesquelles sont disposés les fromages, on sent que le marketing et l'étude de marché ne sont pas loin.

La plupart de ceux qui ne sont pas rentrés en ville ont réintégré la société. Ils sont devenus fonctionnaires ou ont trouvé un emploi dans la ville la plus proche. On les repère grâce aux rideaux en macramé aux fenêtres et aux sculptures abstraito-postmodernes éparpillées autour de leur maison.

CHAPITRE 2

Le résident secondaire

Le résident secondaire, après avoir subi un certain déclin, est redevenu, depuis une petite dizaine d'années, une espèce en pleine expansion.

Les citadins se sont rués quelques années sur les destinations lointaines à la recherche du soleil en hiver ou tout simplement pour découvrir le monde. Mais ils se sont vite lassés des départs à six heures du matin qui les faisaient lever à quatre heures pour se retrouver dans des terminaux d'aéroports excentrés et inconfortables.

Les complexes hôteliers de Djerba et les animateurs de voyages ringards en ont décidé plus d'un à réinvestir dans les campagnes françaises.

Fermettes en ruines, bastides rénovées, longères à aménager, manoirs écroulés ont retrouvé la cote et accueillent pendant les week-ends, les ponts, les RTT et les vacances des résidents secondaires que l'on peut classer en deux grandes catégories : les branchés et les communs.

Le résident secondaire branché

Il est cadre supérieur (s'il n'est pas cadre, il est en tout cas supérieur) et plutôt dans la publicité, l'édition, la presse, le marketing ou le consulting.

Il travaille beaucoup mais ses horaires sont éminemment aménageables. Il profite à plein de cet endroit où il peut[1] :

– se ressourcer,
– se retrouver,
– réfléchir aux choses essentielles,
– récupérer un peu d'intériorité,
– s'éloigner des miasmes de la ville,
– profiter enfin de sa famille[2].

Les transports

Le résident secondaire branché prend le train (ou l'avion, pour les plus riches). Il ne prend JAMAIS sa voiture : il ne supporte pas les embouteillages ! En revanche, aussitôt sur place, il prend le volant (d'une automobile qu'il laisse à la gare ou qu'un voisin lui dépose) pour aller faire ses courses au supermarché du coin car :

– il ne va pas acheter son Ariel à la supérette du village, qui la vend 15 % plus cher qu'Intermarché ;

1. Ces raisons de se mettre au vert peuvent être alternatives ou concomitantes.

2. Nous verrons plus loin qu'en ce qui concerne les enfants, les choses ne sont pas si simples…

– il se lève trop tard pour arriver au marché du samedi matin de Saint-Amand où tout le monde remballe à midi tapant.

La maison et les entrepreneurs

Avant de commencer la rénovation de la « bastide de charme au cœur du Lubéron, 5 minutes TGV Avignon, pierres sèches, quelques travaux à prévoir », relisez les livres de Peter Mayle et de Jean-Paul Dubois. Dites-vous qu'ils sont bien en dessous de la réalité en ce qui concerne les relations que vous allez entretenir pendant de longs mois (je ne parle pas d'années, pour ne pas vous déprimer) avec des artisans au demeurant fort sympathiques.

Si, si, ce n'est pas parce que vous avez annulé une réunion hyperimportante pour venir à une réunion de chantier avec le plombier qui n'est pas venu qu'il faut vous fâcher avec lui. Il n'avait pas compris que vous aviez dit jeudi 12, il avait écrit jeudi 14, alors comme il n'y avait pas de jeudi 14, il a préféré rester chez lui. Vous savez quand même bien que ce pauvre homme fait tout ce qu'il peut : en plus, avec les charges qu'il a… Et puisqu'il vous dit que c'est sûr, la chaudière sera en route d'ici la fin du mois…

Quand vous lui avez fait remarquer, début mai, que le chauffage ne marchait toujours pas et qu'il vous a répondu qu'il vous avait dit fin du mois, il n'a toujours pas compris pourquoi vous êtes devenu si rouge.

À demi étranglé, vous n'arriviez à éructer que des « mais, mais mais... » (on aurait dit une chèvre). Il n'en croit pas ses oreilles, vous aviez compris fin février? Vous rigolez! Il voulait dire fin mai, et encore, à l'époque où il vous a dit ça, il pensait bien arriver à vous brancher fin mai. Mais là, vous avez vu, avec cet hiver qui n'en finit pas, il a eu tellement de réparations et d'entretien pas prévus un peu partout qu'il ne veut pas vous faire de fausses promesses. Il fera son possible pour que tout soit en ordre au plus tard le 15 juin. Et c'est bien parce que c'est vous!

Là, vous ne devez en aucun cas vous énerver. Je vous assure, ça ne sert à rien de lui préciser que le chauffage le 15 juin dans le Lubéron, il peut se le mettre quelque part... Sachez-le, il est tout à fait prêt à se le mettre quelque part et à vous faire repartir pour un tour jusqu'au moi de juin de l'année prochaine. Non, non, croyez-moi : un tiens vaut mieux que deux tu l'auras. Ce qui est pris n'est plus à prendre. Il vaut mieux tenir que courir[1]. Prenez le 15 juin et arrêtez de discuter.

Il suffit donc de faire preuve de bon caractère et de s'armer d'un peu de patience et d'un chéquier bien rebondi...

1. Le recours à la sagesse populaire exprimée par proverbes, dictons et aphorismes est, mis à part le concours d'un architecte chargé des relations avec les artisans attachés à vos travaux, la seule façon de survivre à la transformation d'une ruine en une résidence secondaire de charme.

COMMENT RECONNAÎTRE UNE RÉSIDENCE SECONDAIRE BRANCHÉE DE CHARME [1]

• La chaudière ne tombe pas en panne dès qu'il fait moins de 0 °C.

• La fosse septique ne déborde pas le vendredi à trois heures alors que vous attendez une dizaine d'amis pour le week-end.

• La cheminée ne fume pas. On n'a pas eu besoin de rehausser le foyer de 50 cm et/ou d'ajouter une plaque de verre pour qu'elle fonctionne normalement.

• Le carrelage de la cuisine est celui que vous avez choisi et non un ignoble ersatz en grès flammé.

• Les portes des salles de bains sont des portes d'armoires anciennes en chêne.

• Les dessus-de-lit sont des boutis.

• La cuisine est vaste ; on y trouve une cuisinière au fuel AGA [2] ou La Cornue.

• Rien n'est en plastique. Les meubles de jardin sont en fer forgé, les meubles de piscine en teck.

1. Les trois premiers points de la liste ci-dessus concernent plus le confort que le charme. Du charme, il n'y en a plus beaucoup quand vous vous glissez dans des draps glacés et humides. Et lorsque vous avez le choix entre mettre des bûches électriques dans votre cheminée ou faire du feu, des courants d'air et tousser…

2. La cuisinière à bois AGA, très recherchée par le résident secondaire branché et anglophile, est rare. Son prix d'achat est exorbitant et elle a l'inconvénient des cuisinières à bois : il faut s'en occuper énormément.

• Pas de parasols mais des tonnelles, des charmilles ou des platanes mûriers pour s'abriter du soleil.
• Les arrosoirs et autres accessoires de jardin viennent du Prince Jardinier ou de chez Nature & Découvertes.
• Les clôtures sont en châtaignier ou en osier vivant.
• Jamais d'allume-feu du commerce pour faire démarrer le feu : du petit bois ou mieux, des ceps de vigne.
• S'ils ne sont pas anciens, les meubles sont lasurés.
• Les draps et les rideaux ont été achetés chez Conran, les lits de piscine au Cèdre rouge, les photophores dans la nouvelle boutique de déco qui vient juste d'ouvrir rue de Varenne à Paris ou rue Kléber à Nantes…
• Les peintures ont été commandées chez Farrow & Ball.

Le jardin

Le résident secondaire branché découvre rapidement que le jardinage prend du temps. Même s'il peut se décaler par rapport au reste de l'humanité, il n'a parfois que des « week-ends normaux ». Entre son arrivée le vendredi soir et son départ le lundi matin, il lui manque les quelques heures que nécessite un jardin bien tenu.

Il trouve donc quelqu'un qui va prendre en charge l'élément végétal de la propriété. Il peut s'agir du pépiniériste local ou d'un salarié qu'il rémunère en chèques emploi-service déductibles de ses impôts.

Le résident secondaire veille à la pelouse et aux plantes mais, malgré les facilités fiscales, renonce très vite à entretenir un potager. Les heures nécessaires à la production de rattes ou de petits pois mettent très vite ces délicieux légumes au prix du caviar.

La bouffe

Les courses et les repas sont la principale occupation du résident secondaire. Il lui faut cependant un temps d'adaptation, aux horaires des commerçants locaux d'abord, puis à leur approvisionnement.

CE QU'IL FAUT SAVOIR…

- Le café à la chaussette est moins bon que le Nespresso.
- Il n'y a pas de Romanée Conti et de Dom Pérignon à la supérette du village.
- Aucune ville de moins de 10 000 habitants n'héberge un tabac possédant une cave à cigares digne de ce nom.
- Le beurre fermier est trois fois plus cher que le beurre Président. Il a tellement de goût que vos amis bien élevés le mangent sans rien dire mais sont convaincus que vous leur servez du beurre rance.
- La prune du père Léon est plus corrosive qu'un vieil armagnac de chez Fauchon. Elle est aussi plus exotique et plus abordable !
- Si on vous a recommandé une fermière qui vend de bonnes volailles, assurez-vous qu'elle les a plumées avant de les acheter.

• Si vous tenez à régaler vos amis d'une omelette aux cèpes, achetez ces champignons séchés à la Grande Épicerie avant de partir : vous n'en trouverez pas dans les forêts au mois de mars.

Les voisins

Nous avons évoqué le manque de temps du résident secondaire branché. Ses relations de voisinage sont donc réduites. Il salue de loin les gens qu'il rencontre au village ou sur les chemins. Il ne reçoit chez lui que des résidents secondaires qu'il connaissait avant de s'installer ou dont il a fait la connaissance en ville, chez des amis communs.

En tout état de cause, un week-end sur deux, il a des invités dont il doit s'occuper, alors les voisins !

Le résident secondaire commun

Il est souvent fonctionnaire. C'est à l'Éducation nationale qu'il a le plus de disponibilités pour s'évader de l'enfer urbain. Nous avons donc constaté que cette catégorie comporte un grand nombre d'enseignants et que les résidences secondaires prennent vie pendant les vacances scolaires.

Les transports

Contrairement à son homologue branché, le résident secondaire commun prend sa voiture pour se rendre à la campagne. Il est, hélas, contraint de le faire aux mêmes dates et aux mêmes heures que ses collègues. Il est donc le responsable des embouteillages et bouchons dénoncés par Bison futé.

Les travailleurs du privé, à l'inverse, sont les privilégiés qui, grâce aux RTT, envahissent les routes le jeudi soir ou le vendredi matin.

Ce n'est pas parce qu'il se rend à la campagne en voiture que le résident secondaire commun est propriétaire d'une Porsche Nevada : ce modèle de 4x4 reste l'apanage des branchés dont nous venons de parler et qui n'utilisent ce véhicule qu'entre le boulevard Saint-Germain et Neuilly. Notre résident secondaire commun a une voiture ordinaire dans laquelle il entasse ce qu'il achète chez Ikea ou au BHV pour aménager et meubler sa maison de campagne.

La maison

En ce qui concerne la maison, notons une subdivision en deux grandes sous-catégories : le bricoleur et le non-bricoleur. La première regroupe les abonnés à *Système D* et à *Maison et Travaux,* et dont l'emploi du temps comporte de longues heures passées chez Castorama, Point P et autres Leroy Merlin, tandis que la seconde se délecte de *Marie-Claire Maison* et passe ses commandes dans le catalogue *AM-PM* de La Redoute.

Ne nous étendons pas sur les déboires et les mésaventures des bricoleurs : rien ne distingue un bricoleur des villes d'un bricoleur des champs. Les mêmes soucis les accablent quand ils se sont trompés dans la soudure des joints du robinet de douche, qu'ils le posent du côté de Châteauroux ou dans le IIIe arrondissement de Paris.

Le non-bricoleur, quant à lui, s'il n'a pas eu la perspicacité d'acheter une maison déjà rénovée, va grossir les rangs des héros confrontés au monde des entrepreneurs du bâtiment précédemment décrit.

Le jardin

Si le résident secondaire branché passe ses vacances dans sa maison de campagne, c'est par amour de la terre. Frustré par des appuis-fenêtre, un balcon, une terrasse ou même un jardinet citadins trop petits, trop à l'ombre, à peine devenu propriétaire de quelques mètres carrés de terrain, il s'abonne à *Rustica.* Il hante les jardineries. Vous l'entendez téléphoner au chroniqueur spécialisé de France Inter ou RTL pour l'entretenir des malheurs de ses plantations.

Il feuillette des dizaines de catalogues de vente par correspondance pour meubler son petit paradis. Fauteuils et bancs de jardin ne sont pas faciles à choisir. Le mobilier de jardin en plastique n'est pas beau, soit, mais contrairement au faux teck acheté chez M. Trucolage, il ne déteint pas sur les dalles de la terrasse, ne demande aucun entretien et se déplace facilement.

Si notre jardinier n'a pas la passion de la verdure chevillée au corps, il n'est pas au bout de ses peines.

Le jardinage n'est pas ce que vous croyez !

- Si vous n'avez pas mis d'essence dans la tondeuse, elle ne démarrera pas.
- Débroussailler sans lunettes est le plus sûr moyen de devenir aveugle.
- Le désherbant sélectif ne l'est plus si vous en mettez trop.
- Tout ce que certaines de vos relations plantent pousse. Chez d'autres, c'est exactement l'inverse.
- Les haies mettent toujours plus longtemps que l'on croit à pousser.
- Ne croyez pas que les arbres se plantent quand ils sont petits. On peut les planter grands, cela coûte juste dix fois plus cher. Demandez à votre voisin le prix de l'olivier de trois mètres qu'il vient de se faire livrer avant d'en commander quatre pour le côté sud de votre terrasse.
- Les fleurs, c'est superbe, mais ça attire les abeilles, les guêpes et les frelons.
- Les rocailles embellissent un jardin mais sont aussi la villégiature préférée des vipères.
- C'est quand elles ont été préparées et arrosées que les taupes préfèrent les pelouses.

Si vous tenez absolument à faire pousser quelques légumes alors que vos séjours dans votre maison de campagne sont irréguliers et aléatoires, il faut vous attendre à quelques déconvenues. Les tomates, par exemple, seront vertes quand vous serez là, parfaitement mûres pendant votre absence et complètement pourries à votre retour. Il fera toujours une chaleur torride les week-ends où vous n'irez pas dans votre campagne. Vos plants de salade grilleront et puis moureront sur la terre craquelée de votre potager QU'IL FAUT ARROSER TRÈS SOUVENT.

La bouffe

Poulets fermiers, légumes frais de préférence bio et « vraie crème fraîche » sont les trois mamelles du résident secondaire. Il s'approvisionne sur les marchés locaux.

Mais la sous-préfecture la plus proche organise parfois son marché hebdomadaire le vendredi et/ou le mercredi ! Faisant fi de la clientèle qui travaille tous les jours sauf le week-end, elle oblige le malheureux, s'il n'a pas fait ami-ami avec des producteurs locaux, à s'approvisionner au supermarché voisin ou à la supérette du village, appelée, dans le langage de *Village magazine,* « point multiservices ».

Remarquez que la salade en sachet est tentante quand la maison est pleine. Ouvrir les volets, l'eau, faire les lits, la poussière, rentrer la poubelle, mettre le couvert, débarrasser la table…, cela laisse peu de temps pour éplucher la salade.

De toute façon, le menu préféré du résident secondaire reste le barbecue. Quelques conseils…

Le barbecue

Faites :

• des brochettes de thon ou de Saint-Jacques ; les merguez et les chipolatas sont dépassées ;

• vos poissons dans du papier alu, ils seront plus moelleux – et vos voisins reconnaissants ;

• des équipes : les embrocheurs, les tourneurs, les serveurs de rosé, les disposeurs sur assiettes…

• cuire les gambas sur une plancha. Vous éviterez d'en ramasser une grosse partie en morceaux rabougris et calcinés au milieu du charbon de bois.

Ne faites pas :

• de barbecue accessible aux chiens si vous cuisez des saucisses ou une côte de bœuf ; accessible aux chats si vous faites un loup de mer ou des gambas ; accessible aux enfants quel que soit le plat préparé…

• de barbecue plus d'une fois par semaine. Arrêtez le 20 septembre car depuis le 15 mai, le désir de viande grillée s'est émoussé ;

• de dégustation de vos grands crus, ils se marieront mal avec une viande au goût de brûlé…

L'intégration

Difficile quand on ne vient dans un village que le week-end et pendant les vacances de s'intégrer à la vie sociale de l'endroit. Le résident secondaire commun s'y applique pourtant. Il achète son journal à la supérette, se passe de *Libé* (ou du *Monde* ou du *Figaro*, c'est selon…) et se délecte des *Dernières Nouvelles d'Alsace*, de *Ouest France*, de *L'Écho du Berry* ou de *La Semaine de l'Allier*.

Il y découvre les lieux et dates des événements locaux : vide-grenier, fête de la batteuse, foire médiévale et autres réjouissances campagnardes. Ces festivités sont l'occasion de « socialiser » comme disent les Britanniques.

Notre citadin va donc s'y rendre régulièrement pour faire connaissance avec les « gens du pays ». Si quelqu'un lui répète que la mère Girard a dit : « Il est pas fier pour un Parisien ! », c'est gagné. Si personne ne lui répète rien, c'est perdu.

Il s'apercevra aussi qu'il est adopté quand on lui vendra des œufs ou qu'on lui apportera des légumes. Même si ce sont des courgettes à la saison des courgettes et des haricots verts à la saison des haricots (chacun sait qu'il n'y a rien de plus difficile que se débarrasser de ces légumes quand ils commencent à « donner » : tous les potagers du coin en regorgent).

Certains ont poussé l'envie de s'intégrer jusqu'à s'inscrire au club de foot. Ce quadragénaire exultait à l'idée de retrouver ses émotions d'adolescent sur le terrain de Bezouille. Tout se serait bien passé, si dès le deuxième match, assez mal préparé à la combativité de l'équipe adverse, il n'avait perdu tous ses moyens et marqué contre son camp. Sa participation à l'aventure du Ballon bezouillais prit fin rapidement.

Dans l'ensemble, le citadin voisine assez agréablement et parvient souvent à trouver, à quelques encablures de chez lui, un autochtone assez serviable pour garder ses clefs et jeter un œil sur la maison pendant son absence… On rencontre des exceptions. C'est souvent la faute du citadin, qui n'a pas respecté quelques règles essentielles.

QUELQUES ERREURS QUI VOUS VAUDRONT L'INIMITIÉ DES VOS VOISINS DE CAMPAGNE

• Ramasser des champignons ou des pissenlits dans le pré du voisin sans lui avoir demandé l'autorisation : pénétrer dans un champ ou un pré, même s'il n'est pas clos et qu'il n'y a aucune pancarte de propriété privée, est une violation de domicile. Le propriétaire ne vous le dira peut-être pas, mais ça lui fait le même effet que si vous veniez vous installer dans sa salle à manger sans y avoir été invité.

• Pousser des petits cris dès la première goutte de pluie et se lamenter après une averse alors qu'il n'a pas plu depuis huit jours. Tout le monde attend désespérément de l'eau, pour ses prés ou pour son jardin, alors vos pleurs sur votre après-midi de bronzage raté les énervent forcément.

• Demander à la supérette s'il y a des graines de sésame et prendre un air supérieur parce que cette brave Madame Laporte non seulement n'en a pas mais ne sait pas à quoi ça sert.

Il arrive aussi que certains citadins n'aient pas beaucoup de chance avec leur voisinage.

COMMENT RECONNAÎTRE LE VOISIN AVEC QUI LA COHABITATION VA ÊTRE DIFFICILE

• Il tond sa pelouse aussitôt que vous mettez un CD de Mozart dans votre lecteur ou que vous avez réussi à endormir les enfants pour la sieste.
• Il fait des sardines au barbecue le jour où le vent souffle vers votre maison.
• Il met sa parabole dans l'axe de la meilleure vue de votre terrasse.
• Sa teckel est en chaleur dès que votre beau-frère arrive avec ses deux labradors.
• C'est l'arrière-arrière-petit-neveu du facteur Cheval et l'aménagement de son jardin reflète l'admiration qu'il éprouve pour son illustre tonton. Vous aurez du mal à vous extasier devant les tonnelles en rocaille et les constructions en coquillages qu'il réalise semaine après semaine.

Les enfants

Tant qu'ils ne sont pas adolescents, les enfants adorent venir à la campagne, que ce soit en vacances ou pour les week-ends. Surtout s'il y a une piscine, une forêt à proximité, des vélos et des jeux de société pour les jours de pluie. Arrangez-vous pour leur aménager un genre de salle de jeux dans un coin de grange ou sous un préau, en donnant la permission d'y jouer avec de la terre, de l'eau, des cailloux… ça vous simplifiera la vie.

Les choses se corsent à partir de… ça dépend un peu, mais on constate que c'est de plus en plus tôt. Vous vous en apercevrez assez vite :

« Puitrichard le week-end prochain ? Oh non, j'ai promis à Magalie que nous irions avec sa mère faire les soldes chez Zara. Oh non, Puitrichard, c'est la barbe… Et puis je suis sûr que les Truchon seront encore là. Vous savez que je ne peux pas l'encadrer, leur Patrick, là, cette espèce de premier de la classe boutonneux, vous le faites exprès. Et elle, là, la mère qui va encore me dire : "Oh, comme tu as grandi ma petite Magalie !" D'abord je ne suis pas sa petite Magalie, et en plus, elle voudrait que je rapetisse peut-être ? »…

C'est en général comme ça que ça commence. Au stade suivant, vous avez le choix : ou vous embarquez *manu militari* l'ado à Puitrichard – mais c'est à vos risques et périls –, ou vous avez trouvé un compromis et vous invitez son ou sa meilleur(e) ami(e).

Dans le premier cas, si vous avez en plus invité un couple qui n'a pas (ou plus) d'adolescent, à partir du troisième repas au cours duquel votre progéniture n'aura pas prononcé un mot ni regardé autre chose que son assiette ou ses chaussures, l'atmosphère va s'alourdir. De deux choses l'une, ou vous prenez l'air dégagé et annoncez avec un sourire crispé (que vous espérez détendu) : « On a tous été comme ça au même âge, non ? Ça lui passera… » Ou, plus hypocrite, vous expliquez : « Vous excuserez Arthur, il vient de perdre sa souris blanche préférée, il faut qu'il fasse son deuil, c'est assez douloureux. Lui qui est si gai d'habitude ! » Cette deuxième attitude est en général assez vaine.

En effet, le dimanche soir arrive rarement sans qu'éclate une grande scène suite à une banale remarque du genre : « Arthur, mon chéri, est-ce que je peux te demander d'enlever tes baskets, ton short mouillé et ton tee-shirt de la table de la salle à manger pour que je puisse mettre le couvert ? » La réponse ? Des phrases dont les plus anodines – « P… de campagne de m… ! », « Ça me p… les c… » – seront entrecoupées de claquements de portes que vos invités ne manqueront pas d'entendre.

Les seules occupations susceptibles de dérider l'adolescent de moins de dix-huit ans entraîné contre son gré à la campagne sont, dans l'ordre de ses préférences :

– conduire votre 4x4 dans les allées forestières ;

– ranger la voiture sous le préau quand vous rentrez du marché ;

– tondre la pelouse, mais à condition que ce soit assis sur un tracteur – « Tu penses quand même pas que je vais pousser ta tondeuse de m... ? » – et que vous ne le lui demandiez pas à l'heure de son feuilleton préféré.

Ces trois activités ne pouvant pas durer très longtemps, le reste du week-end est en général assez pénible.

L'option invitation de l'ami(e) de cœur est un moindre mal. Dès leur descente de voiture, le vendredi soir, les deux inséparables se précipiteront dans leur chambre plongée dans l'obscurité et y resteront jusqu'au dimanche soir. Ils n'en sortiront que pour les dîners et les déjeuners, qu'ils passeront l'un à côté de l'autre, vautrés sur la table, à se pousser du coude et à pouffer.

Parmi les quelques phrases qui vous seront destinées, nous relèverons le célèbre : « Ah, ben dis donc, les haricots verts du jardin, c'est pas meilleur que les brocolis. » (Pour qu'ils apprécient pleinement la saveur de l'allusion aux brocolis, nous conseillons à nos lecteurs de lire ou de relire le délicieux et fort utile opuscule d'Anne de Rancourt, *Comment élever un ado d'appartement*[1].)

Les seuls indices permettant de savoir si le petit déjeuner a été pris pendant que vous étiez à la messe ou au marché seront les bols sales et le pot de Nutella ouvert – et vide – traînant sur la table de la cuisine.

1. Chiflet & Cie, 2006.

Néanmoins, une précaution s'impose : ne proposez en aucun cas à vos voisins de venir prendre un verre avec leur descendance du même âge…

« Ça serait sympa que tu fasses connaissance avec leur fils, non ?

– J'en ai rien à foutre de leur blaireau, j'l'ai déjà vu, il m'inspire pas… »

Vous l'aurez compris, si vous avez besoin d'un week-end calme et détendu, il vaut mieux laisser l'ado en ville.

L'âge venant, vos enfants commenceront à s'intéresser à votre résidence secondaire : « M'man, j'irais bien à Puitrichard la semaine prochaine avec mes potes, vous y allez, vous ? » Vous l'avez bien sûr compris, si vous aviez l'intention d'y aller, c'est raté ! Maintenant, ils n'iront plus à la campagne que si vous n'y êtes pas. Vous accrocherez ces délicieux rideaux Madura à la fenêtre de la chambre d'amis dans quinze jours. Quant à cette pauvre Françoise que vous comptiez faire marcher dans la nature pour qu'elle oublie son dernier chagrin d'amour, vous l'emmènerez une prochaine fois.

Consolez-vous, quand ils seront mariés et jeunes parents, ils reviendront se reposer dans votre havre de paix, heureux que vous profitiez de vos petits-enfants pendant qu'ils font la sieste !

CHAPITRE 3

L'invité

L'invité est une espèce très volatile. Elle est par ailleurs très souvent bâtarde, l'invité pouvant être un ex-éleveur de chèvres [1], un résident secondaire, un rurbain ou un même un néorural, encore que ce dernier s'éloigne peu de son installation campagnarde sous prétexte de basse-cour, potager, visiteurs…

L'invitation

Inviter des amis, connaissances ou même sa famille à dîner ou à déjeuner ne prête pas à conséquence : un

1. Passé les deux dizaines d'années où le seul fait de franchir le périphérique lui donnait une crise d'urticaire, l'ex-éleveur de chèvres a fini par accepter une cure de désensibilisation. Cette dernière a pris la forme d'un week-end chez un collègue publicitaire qui venait d'acheter une ancienne bergerie sur les hauts de Cassis. Il a pu constater : que les bergeries ne sentent plus l'urine de brebis ; qu'on se tord peut-être les pieds sur les terrasses en callade mais qu'au moins, quand il pleut, on ne s'enfonce pas dans la boue jusqu'aux genoux en traversant la cour. Il s'est aussi aperçu que les mares à moustiques n'existent plus ; elles sont remplacées par des points d'eau appelés piscines, dont le liner est blanc parce que c'est quand même moins plouc que le bleu…

dîner en ville ne dure que trois ou quatre heures. Si, si, calculez : vous avez invité les Dugland et les Michus à venir goûter votre nouvelle recette de croustillant de cabillaud au sésame ou vos macarons pistache-fleur d'oranger. Vous leur précisez de ne pas arriver avant neuf heures – il faut bien que vous ayez le temps de préparer vos petits paquets de poisson avant qu'ils arrivent. Si vous les faites le matin avant de partir au bureau, les feuilles de brick ou de filo (je dis filo parce que moi, je préfère les feuilles de filo) seront détrempées et pour le croustillant, bonjour ! Neuf heures, Caroline se dit que c'est super, comme ça, elle peut repasser chez elle avant de venir, et elle retrouvera Paul chez vous. Malheureusement, elle a oublié de prévenir Paul. Celui-ci passe la prendre rue de Rennes et l'attend une demi-heure pendant qu'elle se prélasse dans son bain.

Enfin, le temps qu'ils arrivent et qu'ils se garent, il est dix heures moins le quart, les autres invités sont au bord de l'inanition – pour ceux qui sont au régime – ou rassasiés par deux kilos de pistaches et d'olives mélange grec. On passe à table vite fait (tant pis pour Paul à qui on shunte l'apéritif), avant que les croustillants soient complètement carbonisés, on saute le fromage et on ne s'attarde pas trop sur les macarons, dont la garniture a commencé à fondre dangereusement. On avale vite fait une tisane ou un déca. Surtout pas de pousse-café, ça ne se fait plus et gare au ballon ! « Et puis c'est pas tout ça mais demain matin, il faut être au bureau à neuf heures et demie, alors on ne s'ennuie pas mais… » Il est minuit moins le quart : calculez, ça fait moins de trois heures.

On peut tenir le même type de raisonnement pour le déjeuner dominical auquel vous conviez votre belle-sœur. Elle arrive vers deux heures moins le quart pour repartir avant seize heures afin d'éviter les embouteillages du tunnel de Saint-Cloud. Surtout si vous avez plusieurs belles-sœurs, ce timing est largement suffisant, a fortiori quand elles viennent avec leur marmaille.

Ce que je voulais dire avec cette digression un peu longue, c'est qu'une invitation à la campagne implique la chose suivante : pendant au moins quarante-huit heures d'affilée, vous allez devoir supporter des gens que vous ne voyez guère plus de quinze heures en six mois. Surtout, gardez cela en tête pour éviter bien des déboires.

Qui et quand inviter ?

- Ceux qui souhaitent venir avec quatre enfants, la baby-sitter et la belle-mère devront passer leur tour plusieurs fois.
- Ceux qui sont « de passage » et ignorent quel jour exactement débute la location de leur villa sur la côte devront être canalisés, surtout s'ils envisagent de faire une halte à l'aller ET au retour.
- Toute personne s'annonçant avec plus de deux chiens

devra être éconduite, surtout si vous-même avez quelques représentants de la gent canine.

• Si votre maison se trouve au bout d'un chemin peu carrossable, refusez tout propriétaire de voiture de sport type Ferrari, Maserati… Votre amitié ne survivra pas à un pot d'échappement endommagé… Pour information, le débattement au sol d'une Ferrari Daytona est de la hauteur d'un paquet de Marlboro 100, à savoir 10 cm, et le carter d'huile de ladite Ferrari coûte au bas mot 10 000 euros.

• Si votre maison est un ancien moulin ou si elle est proche d'un lavoir, interdisez-en l'accès aux parents d'enfants équilibristes.

• Pensez à inviter votre copain expert en mécanique quand votre tondeuse est en panne.

• Si on vous livre vos meubles de jardin en kit le vendredi, invitez vos amis bricoleurs le samedi. Et qu'ils apportent leur caisse à outils, ils ne pourront pas prétexter qu'ils n'ont pas le matériel ad hoc.

• Invitez à l'époque des courgettes ou des haricots verts : si vous lisez ce livre chapitre après chapitre, vous saurez pourquoi.

• Ne conviez pas votre meilleur(e) ami(e) avec sa ou son nouveau compagnon si vous ne l'avez pas rencontré au moins une fois avant. S'il (ou elle) ne vous plaît pas, vous aurez eu le temps de vous faire une raison et, par pure amitié, vous vous serez préparé à parler philatélie pendant deux jours avec ce (ou cette) passionné(e) alors que vous n'avez jamais regardé un timbre de près.

• Repoussez tous les allergiques : même si vous n'êtes pas éleveur de lamas, il peut y avoir chez vous un chien ou un chat, sans parler du pollen, des acariens et de vos oreillers en plumes.

• Conviez les gens que vous aimez et qui vous aiment et vous allez partager des moments fabuleux avec eux…

Le cadeau

Vous êtes invité, le cadeau est un élément incontournable et modulable. S'il est important, il vous dispense de participer aux achats alimentaires ; plus modeste, il vous oblige à vous ruiner chez le pâtissier de la localité voisine pour un fraisier très moyen.

Les cadeaux à éviter

• Un modeste beaujolais si vous descendez chez un ami propriétaire d'un château dans le Bordelais.

• Le cinquantième livre d'or.

• Le trentième pot-pourri.

• Une cigale qu'on accroche au mur ou un filet de pêche, même si vos amis habitent dans le Midi.

• Le cadeau qu'ils vous ont eux-mêmes offert lors de leur passage chez vous.

• Des calissons au pays des calissons, un bouquet de mimosa si vos amis habitent Bormes, un clair de lune s'ils sont à Maubeuge…

• Des bâtons d'encens, sauf si vous vous rendez chez des soixante-huitards attardés dont les chèvres sentent le bouc.

• Vous êtes dispensé de cadeau si vous laissez le chien de la maison dévorer votre furet ou votre cochon d'Inde.

LES CADEAUX CONSEILLÉS

• Un texte en lettres en chocolat de chez Jadis et Gourmande.

• Un album avec les photos prises lors de votre dernier week-end en compagnie de vos amis.

• Du champagne – à condition qu'il soit bon – ou un armagnac – à condition qu'il soit bas.

• Ce livre bien sûr !

L'invité dit actif

Vous devez préparer un planning d'activités pour ce type d'invité. Faute de quoi, ses initiatives vont rendre son séjour insupportable. Si vous ne l'occupez pas dans la demi-heure qui suit son arrivée, il ira piétiner vos plates-bandes pour les désherber alors que vous attendez votre jardinier le lendemain. Ce dernier vous fera la tête parce que votre invité, non content d'écraser les premières pousses de capucines, aura arraché les roses trémières dont il attendait la pousse depuis un an.

Les activités de l'invité

• L'invité peut jardiner s'il sait faire la différence entre le chiendent et les jeunes pousses de fleurs annuelles que vous venez de planter.

• L'invité ne doit pas aller cueillir la salade dans le jardin s'il risque de confondre les fanes de radis et les pousses de roquette.

• L'invité ne doit pas aller ramasser les champignons s'il confond amanites et girolles.

• L'invité ne doit pas toucher votre tondeuse électrique si, en la voyant, il vous a demandé : « Elle fonctionne au diesel ou au sans plomb ? »

• L'invité ne doit débarrasser la table, aider à faire la vaisselle, passer l'aspirateur ou lustrer les meubles que S'IL N'Y A PAS ÉTÉ INVITÉ !

• S'il est incapable de faire la différence entre une vache et une biche, ne laissez en aucun cas l'invité partir seul écouter bramer le cerf. Au mieux, il risque de s'attarder près de la ferme voisine où une vache est en train de vêler, au pire il risque de se faire encorner.

• Même s'il vous dit qu'il a fait deux promenades de trois heures en Camargue, l'invité ne doit pas partir en forêt sur votre pur-sang de trois ans.

• L'invité peut servir l'apéritif, il peut même aider à la préparation d'un cocktail si c'est vous qui donnez les instructions. En revanche, il lui est interdit d'innover et d'annoncer qu'il va concocter la boisson qu'il a bue à Maurice : il lui faudra probablement l'ingrédient impossible à trouver un dimanche midi à cinquante kilomètres de Vierzon.
• L'invité ne doit pas obliger les autres convives à entamer un Scrabble ou un Trivial Pursuit à minuit un quart sous prétexte qu'il est trop tôt pour aller se coucher. Pour ce genre d'individu, prévoyez des jeux de solitaire, de bons cigares disposés près de la cheminée, à côté d'une bouteille de vieil armagnac.
• L'invité peut effectuer quelques menus travaux à deux conditions : il a fait ses preuves et tient le marteau du bon côté ; il vous promet solennellement de ne pas répéter, pendant les dix ans à venir, que vous invitez vos copains dans le seul but de les faire bosser des week-ends entiers.

L'invité dit passif

Il existe plusieurs sortes d'invités passifs. Du plus agréable au plus insupportable, on trouve trois catégories.

Le passif réactif

Il vous laisse planifier le week-end et participe à toutes les activités que vous lui proposez : il est toujours partant pour faire la promenade que vous suggérez à tous vos visiteurs. Si vous proposez de la faire à pied parce qu'il fait bon, il court mettre ses Nike. Si, pour une fois, vous préférez la faire en voiture – vous devez être vite rentré afin de mette le pot-au-feu en route –, il s'exclame : « Quelle bonne idée, ça nous changera ! » sans la moindre arrière-pensée.

Il ne se précipite dans votre cuisine que lorsque vous avez accepté sa proposition de vous donner un coup de main pour la vaisselle.

Si vous avez besoin de faire quelque chose tranquillement, sans personne, il va s'étaler au soleil ou prendre un livre au coin du feu en attendant que vous soyez à nouveau disponible.

Il a pris soin de vous demander à quelle heure vous preniez votre petit déjeuner. Si c'est un lève-tôt, il vous demandera s'il peut venir se faire un petit café dans la cuisine vers sept heures sans réveiller personne. Il en profitera pour aller chercher des croissants chez le boulanger le plus proche.

Si c'est un « grasse matineur », il vous demandera comme une faveur de ne pas l'attendre pour le petit déjeuner. Il n'émergera que lorsqu'il sera bien réveillé et se confondra en remerciements quand vous lui servirez un fond de café tenu au chaud depuis deux heures. Il refusera la moindre tartine pour être sûr de pouvoir honorer votre déjeuner – qui sera sûrement délicieux !

Le passif passif

Il ne manifeste aucun enthousiasme pour les activités culturelles que vous lui proposez. À sa décharge, il se peut que vous lui ayez déjà fait visiter trois fois la ravissante église romane du village qui est du XIe, « oui, du XIe mon vieux, tu te rends compte ! ». Il arrive aussi que le concert de binious de la fête votive de Ploërmel motive peu un abonné du festival d'Aix-en-Provence…

Dès son arrivée, il prévient en se tenant le dos qu'il est hors de question qu'il marche plus de deux cents mètres à pied : son ostéo est en vacances et il n'a pas pu se faire décoincer sa vertèbre avant de venir. Inutile de préciser que ce fort handicap l'empêche de participer à la corvée de bois l'hiver ou à l'allumage du barbecue l'été.

Il irait bien chercher le sel qui manque sur la table mais il ne sait pas s'il parviendra à le trouver dans cette immense cuisine campagnarde. D'ailleurs, il n'est pas sûr de savoir où se trouve la cuisine.

Il ne retire pas les draps du lit avant de partir car il ne sait pas ce que vous voulez en faire. Des chiffons sans doute, ou une robe pour l'été prochain !

Le repas terminé, il est pris d'une torpeur à laquelle il ne peut résister, elle l'empêche de transporter la moindre assiette sale vers la cuisine (remarquez qu'il ne sait peut-être toujours pas où elle est). Il peut néanmoins lutter contre cette fatigue incoercible lorsqu'il s'agit de lever le coude et d'avaler le petit café qu'un invité plus diligent vous aura aidé à préparer.

Le passif conseilleur

C'est souvent lui-même un résident secondaire qui a sa petite idée sur l'enduit – il a fait faire le sien par un artisan exceptionnel : « Combien tu as payé pour cette merde sur ton mur ? Alors ça mon vieux, tu t'es fait avoir ! Moi, pour moitié prix, il m'en a taloché plus de vingt-cinq mètres linéaires… » Prenez-en votre parti : lui, pour moitié moins cher, il a tout deux fois mieux que vous. Laissez-le dire, ça lui fait tellement plaisir !

C'est peut-être une bonne cuisinière mais ce n'est pas une raison pour qu'elle s'installe dans votre cuisine sans rien y faire : « Ah, tu ébouillantes les tomates pour les éplucher ? Moi, je passe la lame du couteau à l'envers sur la peau pour la décoller et j'incise ensuite. C'est plus long et délicat, mais les tomates ne risquent pas de prendre chaud et c'est tellement meilleur ! » Vous vous retenez de lui dire : une, que certains n'épluchent même pas les tomates ; deux que vous les plongez un quart de minute dans l'eau, alors pardon, elles ne prennent jamais chaud ; trois, que tout le monde s'accorde pour dire que votre compotée de tomates au basilic et au vinaigre balsamique est une pure merveille ; et quatre, que la prochaine fois vous lui ferez une salade de haricots verts. Oubliez vite ces remarques car vous n'en finirez pas.

Ce type de conseilleuse (qui peut d'ailleurs être du sexe masculin) va passer son week-end à vous expliquer que lui ou elle a découvert le persil plat – « Je t'assure, rien à voir avec le persil frisé, ça change tout, remarque j'en trouve au marché de Buci le dimanche matin, je ne sais pas si ici... » Ces points de suspension ne doivent pas vous humilier. Ces trois brins de persil plat qu'elle achète à prix d'or n'auront jamais la saveur du bouquet de coriandre offert par la voisine chez qui vous allez acheter vos œufs frais.

Vivant à Paris, Bernard n'a pas de chien mais il a tout lu sur le sujet, en particulier sur le dressage des canidés. Il vous explique comment faire pour que votre bête arrête de se vautrer sur le canapé et vous assomme d'autres conseils. Cela ne l'empêche pas de donner ses os de poulet à votre compagnon lorsque vous êtes à table, ce que vous ne supportez pas.

Par ailleurs, il appelle carabine votre superbe Purdey et vous explique même comment le graisser...

Conclusion

Il y a des gens qui n'ont pas un week-end libre tant leur présence est appréciée par les résidents secondaires ou les néoruraux, qui se disputent pour les recevoir. Il y en a d'autres qui ne savent pas pourquoi on ne les réinvite jamais... et d'autres encore qui préfèrent la pluie dans une queue de cinéma à Saint-Germain-des-Prés plutôt qu'une averse au cœur des sous-bois automnaux.

Les premiers, ceux que l'on s'arrache, vous l'avez deviné, c'est vous et moi. Les autres, eh bien, c'est sûr, c'est les autres...

Pourquoi n'avez-vous pas été réinvité ?

• Les litres d'huile solaire dont vous vous êtes enduit ont bouché les filtres de la piscine.

• Vous avez laissé le thermostat du radiateur de votre chambre sur 8 pendant trois jours alors que vous avez passé toutes vos nuits dans le lit de votre voisine de palier.

• Le petit beaujolais sympa que vous avez apporté était un tout, tout petit beaujolais. Donner la migraine à tout le monde, ça n'est pas sympa !

• Vous avez apporté l'un des cadeaux listés précédemment.

• Vous avez été classé dans les conseilleurs.

• Alors qu'on vous avait demandé de regonfler le pneu du tracteur, vous avez voulu faire le malin et régler la carburation. L'engin est resté capot ouvert sous la pluie en attendant l'ouverture du garage le lundi matin.

• Vous vous êtes ridiculisé en comparant les qualités du génépi rapporté de Megève au sublime bas-armagnac 1954 que vous offrait votre hôte.

• Votre chien, sans doute excité par le grand air, a marqué son territoire en pissant sur les pieds des meubles du salon. Même à la campagne, on n'apprécie pas l'urine de chien sur le bas des rideaux.

• Ce n'est pas parce que Benjamin avait triché au Taboo ou au Monopoly qu'il fallait donner des coups de pied dans la table et lancer le plateau de jeu à la tête de Paul.

• Après votre cinquième changement de maillot, de tee-shirt, de paréo et de sandales, l'exaspération de la gent féminine était à son comble. Et comme vous vous changiez dans les toilettes de la pool house, le petit Augustin a pissé dans son slip.
• Vous avez fait la gueule parce que vous êtes de ces gens qui supportent très mal de ne pas attraper un bar à chaque fois qu'ils vont à la pêche, de ne pas revenir avec trois kilos de cèpes lorsqu'ils partent ramasser des champignons et de ne pas apercevoir un cerf dans une forêt giboyeuse.
• Vous vous êtes mis en colère lorsque le père Matthieu, en désembourbant votre Golf GTI avec son tracteur, a arraché la calandre. Ce n'est pas de sa faute si vous n'avez pas voulu faire comme les autres en laissant votre voiture à l'entrée de la forêt.

POURQUOI ON NE VOUS Y REPRENDRA PLUS !
• Vous ne savez toujours pas ce qui vous a valu le lumbago du siècle : la balade à la recherche du coin à girolles en forêt (« Trois heures qu'on marche, t'es sûre que c'est par là ? » « Je te dis qu'il en a trouvé deux kilos ici l'année dernière ! ») ou la corvée de bois (« C'est pas la peine de faire du feu, il fait plus de vingt, on pourrait presque dîner dehors ! » « Non, non, rapporte donc encore quelques bûches, c'est tellement agréable de prendre l'apéritif devant une flambée ! ») ?

• Le jambon d'Auvergne que vous avez acheté sur le marché est déjà sec comme de l'amadou, il en reste plus de la moitié et les enfants se lamentent à chaque fois que vous le sortez : « Ah non, ça fait huit jours qu'on en mange à chaque repas, t'as rien d'autre ? »
• La grosse rougeur sur votre mollet n'était pas une piqûre d'ortie mais une tique…
• La meilleure amie de la femme de votre meilleur ami était encore là et, décidément, un jour vous allez l'étrangler. Un dîner, vous pouvez faire un effort, mais un week-end entier, c'est trop !
• Vous vous réjouissiez de passer deux longues soirées au coin du feu avec de vieux amis cinéphiles mordus de littérature dont la conversation vous ravit. Hélas, ils ont invité leurs voisins de campagne et le débat autour du dernier opus d'Amélie Nothomb que vous espériez a été remplacé par une discussion enflammée sur les mérites des différents robots de piscine ou l'intérêt du *mulching* pour les tondeuses autoportées, la capacité de l'homme de main à passer le Roundup® correctement et la maladie de la femme du facteur. Vous ne voulez pas passer pour un intellectuel prétentieux mais quand même !
• Le chauffage solaire, vous êtes pour, mais dans les Vosges en plein hiver, c'est un peu juste !
• Vos copains ont voulu faire du tout-terrain dans les chemins creux et bourbeux du Limousin avec votre 4 x 4 BMW flambant neuf alors que ce véhicule

n'avait encore connu que les rues bien asphaltées du XVIIe arrondissement.

• Vous avez passé la première nuit du week-end dans votre voiture : votre GPS ne connaît pas tous les layons de la forêt de Rambouillet et votre portable ne capte jamais quand ça devient indispensable. Vous auriez dû emporter le plan détaillé que vous avait faxé Delphine. Mais qui peut encore imaginer que des gens habitent des lieux inconnus des GPS et où on ne reçoit toujours pas les coups de fil des portables ?

CHAPITRE 4

Le rurbain

Attention, le rurbain est un nouveau campagnard puisqu'il ne vit pas en ville mais, comme son nom l'indique, c'est un urbain qui n'a ajouté qu'un zeste de ruralité (un seul petit r) à sa condition d'urbain. Il ne doit pas être confondu avec le néorural.

Le rurbain n'est pas non plus l'habitant d'un village qui s'est petit à petit transformé en quartier périphérique d'une ville importante. C'est un individu qui s'est installé dans l'un de ces nouveaux villages ou lotissements construits autour des villes ou des bourgs pour que sa famille ait plus d'espace et ses enfants quelques brins d'herbe à se mettre sous les pieds. Il fuit la ville et même s'il a désormais la certitude de connaître parfaitement la campagne, il ne souhaite en aucun cas se retrouver en pleine nature.

En tout état de cause, il passe la plus grande partie de son temps dans sa voiture, en train et en ville. Le rurbain peut en effet habiter à la périphérie de Chartres, d'Orléans, ou de Reims… et prendre le train tous les jours (ou, pour les plus chanceux et les mieux organisés, trois ou quatre jours par semaine) pour venir travailler à Paris. Il est parfois appelé « navetteur » par les sociologues.

Son mode de vie doit plus à la vie citadine qu'à la campagne. Il ne se distingue guère du citadin que par son environnement particulier.

L'habitat

Le rurbain vit dans un ensemble où toutes les maisons se sont construites en même temps, presque sur le même modèle. Elles ont de nombreux points communs.

CE QUE L'ON TROUVE TOUJOURS CHEZ UN RURBAIN

- Une véranda en aluminium et/ou une terrasse dallée.
- Un portique, une cabane pour les enfants et un toboggan.
- Une fourche tournante à trois dents vue à la télévision avec laquelle on plante un foisonnement de géranium lierre et de pétunias.
- Un barbecue à gaz.
- Une haie de thuyas en double épaisseur ou des panneaux de bois tressé qui indiquent un désir fougueux de communiquer avec l'environnement.

• Une entrée de garage en pavés autobloquants, balisée par des spots photosensibles.

• Une piscine hors sol[1].

• Une station météo qui, au mieux, précise le temps qu'il fait au moment où on la consulte. Elle a été achetée chez Nature & Découvertes, d'où vient également la charmante fontaine en bambou qui glougloute dans la véranda.

• Une corde à linge fixée par de ravissants poteaux métalliques vert foncé.

• Au moins trois poubelles de tri sélectif[2].

Le jardin

Le rurbain fait le bonheur (et une grosse part du chiffre d'affaires) des jardineries. Dès qu'il s'installe :

1. Les propriétaires de piscines enterrées trouvent hideuses les piscines hors sol. Leur hargne contre ces objets s'est accrue depuis que la législation les oblige à installer des systèmes de sécurité qui défigurent leur piscine à débordement avec vue sur le mont Ventoux.

2. Le rurbain, soucieux d'environnement, se plie facilement à la discipline du tri sélectif. Il faut dire qu'il peut difficilement faire autrement, les services de ramassage étant plus draconiens dans les concentrations d'habitations périphériques qu'au fin fond des campagnes. Le non-respect du tri entraîne de la part des services ad hoc des représailles publiques. Cet opprobre public s'apparente aux marques infamantes appliquées sur les maisons contaminées lors des épidémies de peste du Moyen Âge. C'est en tout cas ce que j'aurais ressenti à la place du propriétaire de la poubelle affublée d'un énorme plastique annonçant rageusement et en rouge : CE CONTAINER CONTIENT DES DÉCHETS NON CONFORMES.

– il préserve son intimité en plantant la haie de thuyas ou de lauriers dont nous parlions plus haut – le plus dense possible ;

– il agrémente le devant de sa maison de plates-bandes fleuries et d'arbustes couvre-sols ;

– il découvre la différence entre les vivaces et les annuelles ;

– il suspend des paniers d'où dégoulinent du géranium lierre et autres pétunias.

Le rurbain se range dans l'une des deux grandes sous-catégories de propriétaires de jardin : ceux qui, parce qu'ils ont la main verte ou parce qu'ils se sont plongés dans des guides et des traités, sont récompensés tous les ans par le jury du concours des maisons fleuries, et ceux dont la main n'est pas verte du tout – rebutés par la complexité des ouvrages spécialisés, ont abandonné toute ambition horticole.

Certains rurbains – dont les plantations ne suscitent pas l'admiration de leurs voisins – se défoulent au moment des fêtes de fin d'année. Guirlandes multicolores et clignotantes, traîneaux éclairés et Pères Noël agrippés sur les toits transforment leurs jardins en vitrines animées du plus bel effet !

Le potager

D'une part, le rurbain et la rurbaine sont beaucoup trop occupés par leurs activités professionnelles et/ou parentales pour avoir le temps de s'occuper d'un potager digne de ce nom. D'autre part, le terrain qui entoure la maison n'est pas assez grand pour contenir à la fois la niche du chien, les plates-bandes et couvre-sols dont nous avons parlé plus haut, le portique et le coin bac à sable ou piscine des enfants, le salon de jardin et bien sûr ledit potager.

On ne trouve dans la plupart des jardins rurbains que quelques petits coins où pousse l'indispensable pied de basilic depuis que les salades de tomates à la mozzarella sont à la mode.

La bouffe

Le rurbain ne change pas grand-chose à ses habitudes alimentaires: son principal souci a été de retrouver, sur la route qu'il emprunte tous les jours, la grande surface à laquelle il était habitué.

Les voisins

Les voisins sont très proches: ils vivent de l'autre côté de la haie et ont le même mode de vie que lui. Le mieux est donc d'instaurer dès l'installation des relations cordiales.

Il y a bien quelques inimitiés causées par un chien trop aboyeur ou piétineur de plates-bandes. Mais dans l'ensemble, il règne entre les rurbains une certaine harmonie qu'urbains et campagnards nouveaux leur envient. Et puis les enfants font le lien, même si la sono de l'ado a réveillé trois fois de suite le nourrisson d'à côté…

Les animaux domestiques

Faute de statistiques officielles fiables, nous nous baserons sur nos propres enquêtes. Le rurbain, s'il n'a pas de chien, a un chat – et inversement. Il arrive qu'il ait les deux, auxquels peuvent s'ajouter lapins nains, souris blanches, hamsters et poissons.

En ce qui concerne ces derniers, on observe une tendance à l'agrandissement de la taille des aquariums. Les animaleries proposent un choix de plus en plus vaste d'espèces aquatiques, qui évoluent avec grâce au milieu de fonds marins reconstitués plus vrais que nature. On trouve dans ces accessoires des morceaux d'épaves de bateaux grecs ou romains (on le suppose puisqu'elles sont très souvent entourées d'amphores).

Les enfants

Ce sont les enfants des rurbains qui, parmi les jeunes nouveaux campagnards, s'en sortent le mieux. Leurs parents sont venus s'installer dans cette pseudo-campagne à l'occasion de la naissance du premier enfant : ils n'ont donc rien connu d'autres et ne font pas les comparaisons qu'effectuent les petits citadins entraînés dans leur retour à la terre par leurs parents néoruraux.

L'école est souvent assez proche du lotissement et les mères se relaient pour les accompagnements mais aussi pour les trajets tennis, piscine, foot et autres activités parascolaires. À l'âge du collège et du lycée, la promiscuité favorise également l'organisation des loisirs, qui se déroulent à la ville voisine.

CHAPITRE 5

Le néorural

Régulièrement, la fuite des citadins vers la campagne fait la une de nos meilleurs hebdomadaires en mal de sujets captivants. À l'aide de sondages et de statistiques, sociologues et chercheurs nous expliquent que les villes se dépeuplent au profit des champs.

Le néorural est analysé, disséqué. Ses motivations sont passées au peigne fin tandis que les effets de cette « transformation de la ruralité [qui] interpelle nos élus locaux[1] » donnent lieu à des discours aussi péremptoires que creux. Cela fait des années que ça dure, et le néorural est devenu une nouvelle catégorie de citoyen aux particularités affirmées.

La maison

Dans plus de 90 % des cas, la maison du néorural est une bâtisse ancienne qu'il réhabilite. Cela va de la

1. J'ai perdu les références de ces citations magistrales et prie leurs auteurs de bien vouloir m'en excuser.

longère charentaise en ruines à la grange périgourdine en passant par le manoir breton ou la gentilhommière tourangelle.

Il peut s'agir aussi de la résidence secondaire qui devient résidence principale ou de la maison de famille arrachée de haute lutte aux autres héritiers.

On note une nouvelle tendance : la maison « tout en bois » – c'est le seul cas où le néorural consent à habiter un bâtiment neuf sans histoire ni passé. Oui, mais le bois s'inscrit dans un « processus de développement durable essentiel à la préservation de notre planète [1] ».

Comme le résident secondaire, le néorural est bricoleur ou ne l'est pas. Dans le premier cas, la rénovation de sa maison prendra le temps qu'il y consacrera, dans le second il fera appel à des entrepreneurs locaux…

Le néorural veut vivre à la campagne mais la ville lui semble encore vraiment nécessaire. Il s'installe à moins de quatre heures de Paris, de deux heures de Lyon, de Marseille, d'Aix ou de Toulouse, ou encore à moins d'une demi-heure d'une préfecture. En dernier recours à un quart d'heure d'une sous-préfecture.

Le choix de l'implantation est financier : plus on s'éloigne de la « civilisation », c'est-à-dire aéroport, gare, autoroute, plus le foncier est bon marché.

1. Voir note précédente…

Le jardin

Parc ou jardin, le néorural est entouré de verdure. Il a quitté la ville pour vivre dans la nature, donc il entretient ou crée un VRAI JARDIN. Celui dont il a toujours rêvé.

Selon ses moyens et ses dispositions, il met la main à la pâte et/ou fait appel à un professionnel, mais de toute façon, il lui faut un environnement arboré et floral.

Les haies sont des haies vives, les murs vieux ou à l'ancienne.

Géraniums, pétunias et impatiens qui avaient tellement de mal à pousser sur les balcons ou les terrasses à l'ombre de son appartement parisien sont bannis. Les roses trémières, la glycine, le chèvrefeuille, le jasmin et la bignone les remplacent.

Les lavandes, très appréciées, ne sont plus l'apanage des jardins provençaux.

Après la mode des jardins en camaïeu suivie par celle des plates-bandes monochromes – en particulier la folie du « tout blanc » –, on a noté, il y a quelques années, un grand retour des dahlias. Ces fleurs multicolores, auparavant considérées comme très ringardes, ont subitement retrouvé la faveur des jardiniers tendance. Cette vogue semble cependant sur le point de ralentir ; à suivre…

Les roses en revanche ont été, sont et, nous semble-t-il, resteront les reines, splendeurs, merveilles, prestiges… des jardins. Revues et guides rivalisent de qualificatifs pour décrire ces fleurs qui s'acclimatent partout et sont rarement décevantes, sauf…

Histoire d'une roseraie

Nous adorons les rosiers et avons installé, il y a quelques années, une roseraie aux arceaux en fer forgé rouillé (génialement) et restaurés (chèrement) par un ferronnier local. L'amour et la passion avec lesquels nous avons planté les trente pieds de grimpants n'ont eu d'égal que notre embarras à trouver les variétés souhaitées. Nous les voulions à la fois parfumées, à l'ancienne, exposition mi-ombre mi-soleil, remontantes, peu sensibles aux pucerons, résistantes aux maladies. Les couleurs devaient ABSOLUMENT se situer dans un camaïeu allant du blanc à peine rosé au rose vif en passant par un rose orangé pâle qui tire sur vieux rose en fanant.

La compilation de dizaines de catalogues, revues, guides et encyclopédies nous a fait découvrir qu'il existait des milliers de rosiers et que l'imagination des pépiniéristes pour baptiser leurs créations n'avait pas de limite. De « Centenaire de Lourdes » à « Gloire de Dijon », de « Buff beauty » à « Blanc double de Couber », de « Clair Matin » à « Complicata » (sans commentaire pour ce dernier nom), cette innombrable terminologie a failli mettre un terme à notre projet.

Après des semaines d'hésitation et des nuits troublées par des cauchemars peuplés « d'inflorescences groupées », de « rose clair sur l'extérieur de la corolle mais dont la nuance devient plus foncée vers le centre», «d'hybrides modernes aux fleurs aux rehauts crème», en passant par les «Cuisses de nymphe aux fleurs très doubles[1]», nous avons déchiré nerveusement les soixante-douze listes élaborées.

Au bord du divorce, nous avons passé commande de plusieurs pieds de «Pierre de Ronsard» (lui au moins savait de quoi il parlait) et de quelques autres variétés aussi répandues. Nous les avons plantées, palissées, arrosées, guidées…

Nous avons aussi désherbé sauvagement la pelouse qui bordait la roseraie, tuant plus de six pieds. Nos chiens ont choisi le bas de deux arceaux pour enterrer leurs os : deux morts. Notre fils a, durant tout un printemps, trouvé que les deux arceaux du centre remplaçaient bien la cage de football que nous n'avions pas voulu installer au fond du jardin : deux Pierre de Ronsard de plus n'y ont pas survécu. Ajoutez à cela un hiver trop doux entraînant plusieurs invasions de pucerons et vous comprendrez pourquoi, au bout de quatre ans, les arceaux de la roseraie étaient toujours aussi jolis, soit, mais ne croulaient pas sous des lianes luxuriantes et odoriférantes.

Au fur et à mesure du décès des individus, nous les remplacions par les variétés disponibles dans la

1. Il y a, vous vous en doutez, des fleurs doubles, un peu doubles, à peine doubles ou vraiment très très doubles.

jardinerie locale : le camaïeu a donc fait long feu. Mais enfin, à force de persévérance et quelquefois même de négligence, ce coin de jardin est devenu paradisiaque après dix ans : les arbustes sont de tailles différentes, les fleurs ont des couleurs dissemblables et les odeurs ne vont jamais jusqu'à nous enivrer… mais l'ensemble a un charme fou.

Le potager

C'est sûr et certain : les légumes que vous avez fait pousser amoureusement dans votre potager sont meilleurs, bien meilleurs, mille fois meilleurs que tous ceux que vous avez mangés jusqu'alors.

Mais – car il y a un mais, et même plusieurs –, le potager est une occupation à temps partiel, temps partiel qui, à certaines époques de l'année, peut signifier quasi-plein temps.

LES DIX COMMANDEMENTS DU POTAGER

1 – Petit tu verras.

2 – Pas de melon de Cavaillon planteras si tu es installé près de Calais.

3 – Parcimonieusement la citrouille cultiveras.

Comme la courgette, la citrouille est expansionniste et n'hésitera pas à asphyxier toutes les plantations voisines. Son utilisation au moment de la fête d'Halloween, est passagère, et la soupe de potiron lasse…

4 – Pas plus d'un plan de courgettes par adulte ne feras pousser. Au-delà de 30 cm de longueur, la courgette n'est plus appréciée que par les poules et même s'il s'accommode de nombreuses façons[1], ce légume est exagérément prolifique…

5 – Très prudent avec les haricots verts[2] seras.

6 – Voisin sans potager rechercheras, pour surplus de légumes lui refiler.

7 – Salades et choux monter ne laisseras.

8 – Limaces et escargots extermineras avec trucs

1. La courgette se farcit, elle peut être sautée à l'ail, s'utiliser dans les tians et les ratatouilles, se gratiner au fromage, se servir en potage glacé ou en soupe à la crème et au basilic et se déguster crue râpée à l'huile d'olive et au parmesan. Coupée en lanières, elle devient tagliatelle, montée en mousse, elle ajoute une couche de vert dans les verrines dont nulle maîtresse de maison ne peut plus se passer. Cela fait beaucoup, n'est-ce pas ? Certes, mais essayez de faire ces recettes pendant huit jours, je vous parie que vous rêverez de coquillettes !

2. Les haricots verts ne sont délicieux que fins, très fins et même extra-fins. Cela veut dire qu'il faut les ramasser TOUS LES JOURS, faute de les voir grossir, devenir filandreux et… immangeables. Bien planté, bien traité, bien arrosé, ce légume est extrêmement prolifique (les spécialistes disent d'ailleurs volubile !). Or malgré nos recherches, nous n'avons pas trouvé d'autre façon de le préparer qu'en salade ou sauté. Les salades peuvent être agrémentées de pignons, de gésiers de canard, de lardons, d'œufs mollets, de poisson fumé, crevettes et autres produits de la mer. Les poêlées se font à l'ail, aux petits oignons et aux herbes diverses. Le haricot vert en purée, en soupe ou en soufflé n'est pas convaincant. Quand on rentre du potager le dos en vrac et deux kilos de ces papilionacées qu'il faut équeuter, ébouillanter et que l'on doit préparer la sixième salade au vinaigre balsamique de la semaine, on comprend pourquoi la voisine avait recommandé de ne pas en planter trop !

de grands-mères ou produits du commerce selon que tu seras écolo ou pas.
9 – Désherber ou biner en plein soleil éviteras.
10 – Clair tu sèmeras[1].

Ces quelques commandements ne suffisent pas à faire de vous un « maître ès potagers ». Il vous faut aussi consulter les ouvrages ad hoc avec courage et détermination. Les trois ou quatre pages que dictionnaires, guides ou traités consacrent « aux ennemis du potager » vont vous faire frémir. Vous ne pouvez imaginer les horreurs qui se déroulent dans la nature sans qu'on s'en doute. Maladies et parasites aux noms terrifiants guettent vos végétaux. Mildiou, doryphores, pucerons et chenilles dont vous avez déjà entendu parler sont accompagnés par des sclérotinioses, chermes, chancres européens, septorioses et j'en passe… La description des dégâts qu'ils occasionnent donne le frisson. Parasites et autres ravageurs provoquent avortement des fleurs, taches chancreuses, pourriture des racines à odeur pestilentielle, feuilles crispées, pustules…

1. Note à l'attention des « potageurs » débutants : l'expression semer clair signifie que vous devez semer les graines en les espaçant. Certains préconisent de les mélanger avec du sable ou du café en poudre pour éviter leur trop grande concentration. Faute de ces précautions, radis et autres carottes s'étoufferont, sauf si vous vous livrez à la corvée d'éclaircissement (pour ce concept, voir l'encadré « Un peu de vocabulaire » ci-contre).

Cette barbarie a déteint sur le vocabulaire du jardinage, qui pourra vous sembler à première vue d'une rare violence.

Un peu de vocabulaire

Buter les asperges : il ne s'agit pas d'un contrat. Ne vous prenez en aucun cas pour Al Capone. N'arpentez pas votre potager mitraillette au poing. Vous devez simplement – si on peut dire et si ça vous tente vraiment –, après avoir planté les racines (appelées griffes) et attendu deux années, recouvrir les plants avec de la terre.

Éliminer les gourmands : ici, encore on ne vous demande pas d'assassiner sauvagement les fines gueules de votre entourage mais de couper les rameaux du porte-greffe qui consomme la sève de votre magnifique arbuste greffé.

Éclaircir les radis : surtout, n'essayez pas de repeindre ces délicieuses racines en rose plus clair. Arrachez les petites pousses (appelées plantules par les spécialistes) les plus faibles pour laisser la place aux autres… Malthus est partout !

Pincer les tomates : ne dites pas qu'elles ne vous ont rien fait et qu'il n'y a aucune raison de se livrer à des brimades douloureuses sur ces innocents fruits. Cette action consiste juste à éliminer du bout des tiges les inflorescences qui drainent la sève à leur profit et empêchent les fruits de grossir. Je dis fruits car vous devez savoir que les tomates sont en fait des fruits, même si nous les consommons en tant que légumes. Retenir et glisser cette information dans votre conversation vous classe tout de suite parmi les initiés.

L'activité potagère se résume, comme le jardinage d'ailleurs, en trois grands principes : arrosage, désherbage, mal de dos.

L'arrosage est encore ce qu'il y a de plus simple, surtout si vous avez fait installer un arrosage automatique et que l'installateur était un spécialiste[1].

Sinon, il suffit d'un bon tuyau (si, si, il y en a), d'un robinet placé au bon endroit (si, si il y en a), de patience et d'une certaine dose de pessimisme. L'optimisme n'est pas payant : vous venez de vous résoudre à abandonner un

1. Cette précision peut vous sembler superflue : elle ne l'est pas. Si vous aviez, comme nous, passé des mois à expliquer à l'installateur que ni le mur du salon ni le soupirail qui donne dans la cave n'ont besoin d'eau mais qu'en revanche, les *sprinklers* n'atteignent pas le carré de pommes de terre, vous comprendriez que l'installation d'un arrosage automatique n'est pas un jeu d'enfant. C'est d'ailleurs ce que vous répétera l'individu qui déterrera pour la troisième fois les buses et transformera votre pelouse en champ de bataille. « C'est que c'est délicat, madame Fanchon, c'est très délicat… Il suffit d'un quart de tour ou de… » Ici, explication extrêmement compliquée qui ne peut que vous convaincre que L'ARROSAGE AUTOMATIQUE C'EST DÉLICAT, bref, une affaire de spécialiste !

moment de farniente quand quelques nuages bienfaisants s'accumulent au-dessus de votre tête. Ne retournez pas vous allonger sur votre chaise longue : il y a neuf chances sur dix pour que l'averse tant attendue n'arrive pas. Ou alors elle va se déverser une heure plus tard, quand vous aurez fini un arrosage complet et éreintant du jardin.

Le désherbage est aussi indispensable que l'arrosage. À l'occasion de votre pendaison de crémaillère, on vous a offert un magnifique tablier de jardin et les gants assortis. Servez-vous de ces derniers pour tailler les rosiers et effectuer quelques gros travaux, mais n'espérez pas désherber efficacement avec. Quant au tablier ! S'il est équipé – comble du ridicule ! – d'un petit coussinet destiné à vos genoux de citadine et que vous vous en servez pour arracher l'herbe, c'en est fait de votre intégration... Réservez une tenue un peu usagée à ce sport qui consiste à passer des heures à quatre pattes pour traquer des mauvaises herbes qui, de toute façon, repousseront dans les huit jours.

On a beau nous expliquer qu'il faut s'accroupir et non se pencher en avant pour effectuer cette corvée, personnellement, je ne connais aucun dos qui y résiste. Au début, on trouve ça grisant : « ça vide la tête », « c'est tellement satisfaisant de voir la terre débarrassée de toute cette vermine », « on a presque l'impression que les légumes ou les fruits sauvés de leurs envahisseuses s'ébrouent de plaisir ». Mais lorsque votre tête a déjà été vidée par le ramassage de trois livres de haricots verts et leur équeutage, l'épluchage de cinq kilos de rhubarbe et le ratissage des graviers de la cour, vous vous précipitez sur le Roundup® ou autres désherbants industriels et efficaces.

Vous vous étiez juré de jardiner écolo. Vous pourriez le faire en utilisant des insecticides naturels et en privilégiant méthodes et produits bio. Mais le ramassage des limaces et des escargots dans votre potager le soir à la lueur d'une lampe électrique (si, si, c'est ce que l'on doit faire) ou le brossage de vos plantes pour les débarrasser des cochenilles risquent de porter une atteinte sérieuse à votre réputation dans le village – et vous prendre beaucoup de temps.

La basse-cour et les autres animaux de la ferme

Comme tout citadin, vous avez toujours rêvé de manger les œufs à la coque de vos propres poules. Dès votre arrivée au cœur du Berry, vous décidez bien sûr d'installer un poulailler.

Quand les poules auront des dents et autres vérités de la basse-cour

Les poules n'ont pas de dents. Elles n'ont pas de mamelles non plus : le lait de poule existe bel et bien, mais c'est une préparation culinaire consistant à battre un jaune d'œuf avec du sucre et du lait. On peut y ajouter de la fleur d'oranger ou du porto… Vos poules, comme tous les volatiles, vont donc pondre des œufs. Si vous avez acquis de bonnes pondeuses, elles donneront un œuf par jour par beau temps, un peu moins l'hiver. Attention, elles ne pondent pas la moitié ou le tiers d'un œuf quand il fait mauvais. Non ; comme dit ma voisine, quand elles ont les pattes mouillées, elles ne pondent plus qu'un jour sur deux ou trois.

La ponte dure pendant les trois ou quatre premières années de la volaille. Après, la production décroît et vos pondeuses deviennent de délicieuses poules au pot, pour peu que vous les fassiez mijoter dans un bouillon parfumé aux herbes de votre potager[1].

Elles n'ont pas besoin d'un coq pour pondre. On vous dira que la présence d'un mâle stimule les femelles : c'est faux. Par ailleurs, le coq peut :

– vous attirer les pires ennuis avec votre voisinage s'il se met à lancer des cocoricos tonitruants en dehors des heures ouvrables. J'en ai connu un qui se déchaînait en pleine nuit dès qu'un chat ou un mulot déclenchaient l'éclairage automatique de sa cour. Il a fini dans un bain de chambertin ;

1. Certaines âmes sensibles nous ont reproché de déguster des animaux qui finissaient par faire partie de la famille. Mais la campagne rend philosophe : une poule qui ne pond plus, ça se mange ! On s'attache difficilement à une poule. Que celui qui a réussi à faire ronronner un gallinacé en le caressant nous jette la première pierre ! Cependant, en bons ex-citadins, hypocritement, nous ne nous sommes jamais chargés de l'exécution nous-mêmes. Sans une voisine complaisante, nos braves retraitées seraient sûrement mortes de leur belle mort.

– épuiser, voire exterminer vos poules si elles ne sont pas assez nombreuses pour satisfaire ses appétits sexuels. Eh oui, la réputation des coqs n'est pas surfaite. Il faut au moins cinq ou six femelles par coq ;

– féconder vos poules. Si celles-ci ne pondent pas dans les nichoirs que vous avez installés, vous verrez arriver des poussins non désirés et votre basse-cour croître exponentiellement tous les vingt et un jours[1] ;

Si votre jardin est assez grand et que vous n'avez que deux ou trois poules, vous pouvez les laisser courir librement. Elles s'attaqueront à vos salades ou à vos fleurs mais elles les débarrasseront de quelques escargots et limaces. Il faudra cependant prévoir une cabane avec des pondoirs où elles rentreront le soir : c'est indispen-

1. Un néorural de nos amis, amoureux des animaux, avait refusé de cantonner ses volailles dans un enclos. Il les laissait en liberté au sein d'un parc assez vaste et se souciait peu de ramasser les œufs. Il ne pouvait s'assurer de leur fraîcheur, ne sachant jamais où et quand ils avaient été pondus. Au bout de quelques années poules, coqs et poussins avaient pris possession du territoire et caquetaient gaiement. Jusqu'au jour où… un groupe de coqs plus hardis ou plus aventureux que les autres élut domicile dans un arbre, dont les plus hautes branches arrivaient à la hauteur des fenêtres de la chambre à coucher de notre heureux propriétaire. Quand un coq vous réveille dès l'aube une fois de temps en temps, cela a un charme campagnard indéniable, mais quand dix coqs éructent leurs cocoricos tous les matins à quatre heures, vous faites ce que fit notre ami : exaspéré, vous grimpez dans l'arbre, attrapez les volatiles, les fourrez dans un grand carton et en faites cadeau à un fermier voisin qui, lui, a un poulailler clos et loin de chez lui.

sable pour la récolte des œufs frais qui doit se faire QUOTIDIENNEMENT. De plus, le renard rôde la nuit. Si vous en voulez plus et si vous souhaitez également élever quelques canards, voire une oie ou deux et plusieurs pintades, un poulailler clos s'impose.

Les coquilles d'huîtres rendent la coquille des œufs plus solides. Ça n'est pas une raison pour vous empiffrer de ces délicieux coquillages. Le tas composé des quinze douzaines d'huîtres de votre réveillon fera rire vos voisins, qui savent que seules quelques-unes bien écrasées suffisent. Même chose pour les épluchures de melon et les courgettes (encore elles…). N'en mettez pas trois fois plus que vos pensionnaires ne peuvent en manger. Ces cucurbitacées pourriraient et donneraient au sol de l'enclos de vos poules un aspect et une odeur peu ragoûtants.

N'oubliez jamais que les poules sont aussi cruelles que les humains : elles n'aiment pas les étrangers et s'attaquent à plus faibles qu'elles. Si vous introduisez de nouvelles volailles dans votre poulailler, faites-le progressivement : les anciennes risquent de tuer une nouvelle arrivante plus jeune et plus fragile.

Enfin, si vous voulez des œufs au jaune bien jaune, forcez sur le maïs dans le mélange que vous composez amoureusement chez le grainetier local. Vous pouvez aussi acheter des mélanges tout faits, mais cela dénote une indifférence de mauvais aloi à l'égard de volatiles qui ont droit à un minimum d'attention de votre part.

Vous pouvez être tenté par l'acquisition d'une ou de plusieurs chèvres. Les petites annonces des journaux gratuits de province regorgent de chèvres naines que leurs propriétaires cherchent à donner. C'est déjà une indication : il faut se méfier de cet animal – rien ne se donne. Parfois quelques chatons ou quelques chiots, mais c'est plus rare.

Ce sont surtout les chèvres naines dont on cherche à se débarrasser. C'est normal. À moins d'être au piquet, elle se débrouille TOUJOURS pour dévorer les plantes auxquelles vous tenez le plus. Vous n'avez pas oublié la chèvre de monsieur Seguin, n'est-ce pas ? Eh bien il n'y a pas de fumée sans feu. N'essayez pas de l'enfermer, elle réussira TOUJOURS à s'échapper. Si vous ne voulez pas l'attacher et si vous tenez à vos rosiers, à votre jasmin et à votre chèvrefeuille, laissez toutes les chèvres (naines ou pas) où elles sont.

L'âne au contraire ne mérite pas sa réputation. Il se dresse peut-être un peu moins bien que le cheval, mais il est beaucoup plus gentil que bien des poneys.

Néanmoins, il a besoin de compagnie. Si vous le laissez seul dans un pré, il sera malheureux et ameutera le voisinage par des braiments intempestifs (surtout si c'est un mâle) dès que quelqu'un s'approchera de lui. Préférez les ânesses, moins bruyantes – elles vous demanderont néanmoins presque autant de soins et de présence qu'un cheval.

À propos de ces destriers, sachez que...

– comme l'âne, le cheval est un animal grégaire. Seul, il s'ennuie. Il a besoin d'un compagnon pour éviter la neurasthénie ;

– il faut au moins un hectare de prairie par cheval. Soit cinq chevaux, cinq hectares ;

– sans clôture électrifiée fonctionnant sur secteur, vous retrouverez vos montures sur la route ou en train de dévorer la plate-bande du voisin. Vous êtes responsable de tous les dégâts ou désagréments provoqués par vos animaux ;

– les chevaux doivent s'abreuver d'eau claire tous les jours. C'est facile l'été. Pour information, l'eau gèle à 0 °C, il vous faudra donc casser la glace deux fois par jour si vous habitez dans une région aux hivers très rigoureux ;

– si vous gardez vos chevaux au box, n'oubliez pas que la paille se change tous les jours. Avez-vous prévu les endroits pour stocker cette paille et le fumier ?

– trois balades en Camargue n'ont pas fait de vous un cavalier émérite. Allez consulter un centre équestre et vous mettre à niveau. N'oubliez pas de noter les coordonnées d'un bon ostéopathe avant de vous livrer à un entraînement intensif;

– n'oubliez pas non plus de prévoir un budget vétérinaire et maréchal-ferrant. Un cheval monté régulièrement doit être vermifugé deux fois par an, ferré toutes les six semaines et vacciné ;

– si vous vous laissez attendrir par les demandes de votre adolescente et lui achetez le double poney qu'elle réclame, arrivera un jour où elle s'intéressera plus aux garçons qu'à l'équitation. Vous devez vous préparer à soigner le pauvre animal délaissé EN PLUS des peines de cœur de sa propriétaire…

Cela étant, les animaux dont on pense qu'ils sont plus simples à gérer – le chat et le chien par exemple – peuvent se révéler plus compliqués que prévu.

Si vous amenez votre vieux matou des villes, assurez-vous qu'il restera sagement à la maison. Il n'a pas l'habitude des routes départementales et les automobilistes ruraux font peu de cas de la gent féline qui se jette sous leurs roues. Sans parler de certains chasseurs qui trouvent que les chats leur font une concurrence déloyale à la chasse aux pigeons…

En revanche, si vous avez emménagé dans une maison longuement inhabitée, elle est sans doute devenue le royaume des souris. Un chat peut être efficace pour les effrayer. Il risque de ne pas y suffire surtout si, comme nous, vous récupérez une petite chatte qui préfère les souris et les mulots d'extérieur à ceux qui envahissent votre habitation. Elle viendra vous faire l'offrande de sa dernière proie à chaque fois que vous mettrez un pied dans votre cour. VOUS vous y habituerez, mais sursauterez aux hurlements hystériques de votre belle-sœur marchant sur un cadavre de mulot.

Votre charmant félin peut aussi se donner en spectacle. Au cours d'un déjeuner estival, à l'ombre d'une tonnelle, devant vos invités horrifiés, elle s'installe pour jouer avec un souriceau affolé : il est encore bien vivant, elle le coince sous elle, le laisse s'échapper, le rattrape d'un coup de patte, le relâche. Ça dure ! La tablée se divise en deux camps, les partisans du laisser-faire (« c'est la loi de la nature ») et les interventionnistes (« achevez cette pauvre souris, c'est immonde, quelle cruauté ! »). S'ensuit un échange aigre-doux sur l'insensibilité des uns et le penchant invétéré à l'anthropomorphisme des autres.

Tout le monde se détourne du combat du chat et de la souris pour régler quelques comptes oubliés :

« Ça ne m'étonne pas de toi, qui n'as rien compris quand Manon était tellement triste d'avoir perdu son chien… »

« J'avais oublié que tu parles à ton canari… »

Entre-temps la chatte, d'un dernier coup de griffe, a occis l'animal à moustache. Elle est partie plus loin pour se lécher le poil, laissant sur place sa victime – qui n'intéresse plus personne…

Vous ramassez discrètement la dépouille et demandez à vos hôtes s'ils préfèrent du sancerre ou du pouilly sur le chèvre fermier. Chat et souris sont oubliés, propos métaphysiques sur la violence aussi au profit de cette spécialité française : les conversations autour du vin et de la gastronomie.

Revenons à nos moutons, pardon, à nos souris : pendant que le chat extermine tous les rongeurs du jardin, elles se reproduisent allégrement à l'intérieur de la maison. Vous allez finir par faire comme tout le monde et recourir à la mort aux rats. C'est très efficace.

Les chiens posent d'autres problèmes. Vous devez leur apprendre dès votre installation qu'ils ne doivent en aucun cas errer dans le village. C'est la loi, et le maire pourra vous le rappeler par un courrier comminatoire.

Votre animal risque de s'attaquer au poulailler de votre voisin. Il ne vous suffit pas de bien le nourrir : il n'égorge pas les poules pour les manger, c'est juste son vieil instinct de chasseur, endormi par les brumes citadines, qui se réveille à l'odeur de la chair fraîche.

Si vous connaissez cette mésaventure, sachez :

– que les poules tuées par votre chien sont forcément des pondeuses « absolument exceptionnelles ». Elles coûtent donc deux fois plus cher que des poules ordinaires ;

– que votre assurance vous remboursera la somme versée au propriétaire des malheureuses volailles. Assurez-vous auparavant du montant de la franchise et augmentez d'autant le nombre et le prix des poules assassinées ;

– que vous devez absolument faire passer cette

détestable habitude[1] à votre compagnon à quatre pattes, faute de quoi sa vie ne vaudra pas grand-chose. On lui pardonnera un premier écart, la récidive n'est pas admise.

Votre chien peut également devenir indésirable en raison d'une libido qui ne pouvait s'exprimer lorsqu'il était tenu en laisse sur les trottoirs. Les chaleurs des chiennes des environs lui donneront des ailes pour se faufiler hors de chez vous. Nous en connaissons un qui a fauté avec toutes les femelles d'un bourg tranquille, semant la consternation chez ses patrons et chez les propriétaires des futures mères.

Rien n'arrêtait ce don Juan à poil : il escaladait barrières et fenêtres pour retrouver ses « fiancées ». Les dédommagements divers (notes de vétérinaire, cadeaux, pots d'excuse…) atténuaient un peu la mauvaise humeur des futurs « beaux-parents ». Aucun n'avait eu

1. Il existe plusieurs méthodes plus barbares les unes que les autres. Mais vous n'avez pas le choix. Soit vous enfermez votre chien dans un sac avec le cadavre d'une de ses victimes et vous tapez sur le sac pendant quelques minutes, soit vous le lui attachez sous le cou et le corrigez en même temps, soit vous ne faites rien. Vous prenez le risque qu'il recommence et qu'il passe de vie à trépas. Cela vous semble sauvage, mais ce qui l'est plus, c'est que les volatiles auxquels votre animal s'est attaqué constituent pour leur propriétaire plus qu'une source de revenus. Retrouver sa basse-cour saccagée est insupportable. C'est la même chose pour les moutons, tous les éleveurs vous le diront. Être obligé d'achever des bêtes mutilées et les entasser dans un camion afin de les conduire à l'équarrissage est quelque chose qu'ils ne souhaitent à personne. À côté, la vie d'un toutou parisien mal dressé compte peu. Un coup de fusil est vite arrivé.

d'ailleurs, comme le faisait remarquer la bouchère, le mauvais goût de demander une pension alimentaire pour les bâtards que l'on reconnaissait dans le village. Il n'empêche que la réputation du père putatif et de ses maîtres est devenue exécrable.

Laissons moutons et vaches aux soixante-huitards dans nous avons parlé plus haut, et l'élevage d'autruches ou de lamas à quelques originaux. Si vous faites partie des irréductibles mangeurs de lapins, sachez que le clapier est un objet peu décoratif et que ce lagomorphe, comme le poisson rouge d'appartement, doit être nettoyé et nourri régulièrement. Vous savez aussi ce que l'on dit des lapins : gare aux familles nombreuses si vous mettez ensemble lapins et lapines… D'autre part, tuer et dépecer un lapin en cachette des enfants – qui l'ont baptisé Bunny – est une tâche que personne ne vous enviera.

Abeilles, mouches, moustiques et insectes en tout genre

Le néorural doit s'habituer à vivre avec une faune inconnue dans les villes et apprendre d'abord à distinguer les abeilles (qu'il ne faut pas tuer) des guêpes et des frelons (qui piquent) des bourdons (qui bourdonnent mais ne piquent pas). Ce livre n'étant pas illustré, nous vous conseillons de vous reporter à vos meilleures encyclopédies.

Les mouches sont une nuisance. Si votre voisin fait paître ses vaches dans le pré qui jouxte votre piscine ou si le poney de votre adolescente est installé à proximité de votre cuisine, ces diptères vont vous envahir. Ils peuvent être accompagnés, selon les années et les conditions climatiques, de taons énormes, qui risquent d'effaroucher vos invités citadins.

Vous vous laisserez peut-être convaincre par les publicités tapageuses des marchands d'insecticides vantant leur « insectifuge répulsif » pour vous débarrasser de tous « insectes volants et rampants ». La bombe à la main, vous allez empuantir l'atmosphère en louant l'efficacité de votre nouvel achat. Vous pouvez au contraire faire partie de ces partisans des plaquettes ou autres prises « anti-insectes » qui refusent bombes et aérosols. Ou appartenir – comme nous – à la troisième catégorie qui essaie tous les nouveaux produits (bombes, plaquettes, raquettes...) et qui, de guerre lasse, accrochent aux suspensions de la maison ces répugnants tortillons de papier collant qui se déroulent au-dessus de leurs têtes : nous, on n'a jamais trouvé plus efficace.

Vous allez sûrement aussi mettre un citron pourri sur le chemin des fourmis pendant quelques semaines, jusqu'à ce que, excédé, l'un de vous achète les boîtes pièges bien connues.

Vous devez également savoir que la plupart des araignées et TOUS les papillons de nuit sont inoffensifs. Ils jouent un rôle dans l'écosystème. Vous rencontrez un arachnide au fond de la baignoire ? Si c'est le soir, tant mieux (« araignée du soir, espoir »). Si c'est le matin, écrasez-la et n'y pensez plus. Habituez-vous à fermer les fenêtres de votre chambre lorsque vous voulez bouquiner au lit sans qu'un grand paon de nuit ou un sphinx tête de mort ne viennent lire par-dessus votre épaule.

La bouffe

Si on s'installe à la campagne, il est bien entendu que c'est aussi pour abandonner les habitudes alimentaires déplorables des citadins et, surtout, pour retrouver le goût des choses.

C'est ici que notre conseil concernant les relations à établir avec le voisinage devient essentiel. Ils vous offriront légumes et fruits (quand ils en auront trop pour eux), vous introduiront auprès de la fermière qui vend quelques œufs « mais pas à tout le monde » et vous indiqueront qui produit volailles, crèmes et fromages délicieux.

Les néoruraux des années 2000 ne cuisent plus leur pain et ne fabriquent plus de fromage de chèvre : soit ils ont entendu parler des expériences de leurs prédécesseurs soixante-huitards, soit ils ont suivi les conseils de *Télé Achat* et réalisent des miches de pain à l'anglaise dans des machines électriques.

Néanmoins, il leur reste souvent quelques velléités vinaigrières et/ou confiturières.

On n'attrape pas les mouches avec du vinaigre

Au même titre que les œufs coque pondus par ses propres poules, les confitures et le vinaigre maison figurent au palmarès des fantasmes des nouveaux campagnards. La confiture dite de vieux garçon est plutôt confectionnée par les hommes car elle s'apparente davantage à un pousse-café qu'à une gourmandise à étaler sur les tartines du petit déjeuner. Les autres confitures sont l'apanage des néorurales tandis que la réalisation du « vinaigre maison » occupera son conjoint. Si ce dernier envisage de se livrer à cette activité, faites-lui lire d'abord ce texte. S'il persiste, laissez-le faire, en tout cas, on l'aura prévenu !

Deux choses sont indispensables pour la composition d'un vinaigre maison réussi : la mère de vinaigre et le vinaigrier. Ne haussez pas les épaules, trouver le vinaigrier n'est pas une simple formalité. En effet, le néorural débutant ne sait pas qu'il existe encore des magasins appelés drogueries ou quincailleries où l'on vend des vinaigriers en grès très adaptés à la fabrication de ce liquide fermenté.

On en trouve aussi dans les grandes surfaces, mais tout le monde sait qu'au début de sa carrière de néorural, l'ex-citadin fuit comme la peste tout ce qui ressemble à la grande distribution. Il a quitté la ville pour retrouver les vraies valeurs, la vraie vie, les vrais gens, il ne va pas faire ses courses au Monoprix de Moulins – qui propose les mêmes produits que ceux qu'il achetait au Monoprix de La Part-Dieu. Il va attendre le prochain vide-grenier de son village et chercher « le » vinaigrier dans lequel des litres et des litres de vin ont fermenté pour devenir un sublime nectar.

Hélas, il ignore, notre cher néophyte, qu'on ne trouve plus dans les foires à l'ancienne, brocantes et vide-greniers que :

– des vinaigriers ébréchés qui fuient ;
– des vinaigriers sans couvercle ;
– des couvercles de vinaigrier sans vinaigrier ;
– des vinaigriers sans bouchon robinet ;
– des bouchons robinets bouchés ET sans vinaigrier.

Remarque : si l'on s'entête et que l'on achète un couvercle d'un côté, un vinaigrier de l'autre et le bouchon robinet ailleurs, on a autant de chances de composer un ensemble qui va fonctionner que de gagner au Loto. On le sait : on a fait les deux, acheté des couvercles dépareillés et joué au Loto.

Partons du postulat que notre passionné de fermentation acétique a réglé le problème du contenant. Il est parvenu à se procurer LE VINAIGRIER en grès avec son bouchon robinet en bois d'olivier. Il est un peu grand pour l'étagère sur laquelle il devait trouver place, mais ça n'a pas d'importance puisque le robinet dépassera de l'étagère en question. Nous reviendrons sur ce détail plus tard.

Sur les conseils d'un sien ami, il commence par faire gonfler le liège du bouchon dans du vin. Pendant deux semaines, il va falloir déplacer le bol dans lequel surnage l'objet et qui traîne en permanence sur l'évier de la cuisine – ou sur la table, ce qui n'est pas mieux car il y laisse des ronds couleur vinasse peu ragoûtants.

La mère maintenant. Ne cherchez pas dans le dictionnaire, je l'ai fait pour vous : « membrane gélatineuse formée à la surface d'un liquide alcoolique par les mycodermes de la fermentation acétique ». L'aspect de cette « chose » est encore plus répugnant que ne le laisse entrevoir sa définition. Cela ressemble à une méduse marron tirant sur le violet, c'est... indescriptible ! Et c'est difficile à trouver ! Il faut donc faire appel à des amis ou à des connaissances qui vont accepter de partager leur mère.

Ces derniers oublient, n'arrivent pas à couper correctement la mère, déchirent le morceau à prélever en le transportant, etc. Trois semaines encore se passent durant lesquelles notre futur propriétaire du meilleur vinaigre maison du coin se lamente. Tous ces restes de vin destinés à un avenir condimentaire glorieux qui partent dans l'évier faute de dispositif ad hoc...

Nuançons, car des fonds de vin, il n'y en a pas si souvent, il y a même fréquemment quelqu'un qui se dévoue pour finir les bouteilles entamées. C'est du pur mauvais esprit puisque justement, grâce au vinaigrier, on n'a plus besoin de se forcer à liquider les fonds de bouteille dans le seul but de ne pas gâcher ! Bon, passons.

La mère arrive enfin. Je ne m'appesantirai pas plus sur son apparence ni sur le cérémonial nécessaire à son introduction dans son réceptacle. On la recouvre d'un demi-litre de bon vin et on installe le vinaigrier sur l'étagère. Au bout d'un mois au cours duquel on a rattrapé in extremis les dernières gouttes d'un vieux morgon que l'oncle François allait siffler et le fond de verre qu'une invitée oublieuse s'apprêtait à jeter dans l'évier, on ose soulever le couvercle. À la vue – toujours aussi monstrueuse – s'ajoute une odeur piquante d'assez mauvais augure.

On fait quand même couler par le petit robinet[1] – s'il ne s'est pas bouché[2] – un peu d'un liquide violet clair parsemé de grains noirs. Pas appétissant mais rustique ! Les plus courageux goûtent : c'est infâme, aigre à souhait. L'odeur est acétique mais le goût est éloigné de ce que l'on appelle vinaigre.

Tandis que, déçu, notre « vinaigrier » s'apprête à jeter l'ensemble à la poubelle, le conseilleur de service pré-

1. Ce robinet, mal enfoncé ou qui n'a pas assez gonflé, laisse échapper un mince filet lie-de-vin qui se répand sur les tommettes de la cuisine puisque, vous ne l'avez pas oublié, le robinet dépasse de l'étagère.

2. Dans ce cas, prudence. Ne pas oublier de mettre un récipient sous le robinet bouché. Il peut se déboucher plus rapidement qu'on ne croit et le contenu du vinaigrier se répandre sur les pieds du « déboucheur ». Ça s'est vu !

conise l'adjonction de miel et des vins de meilleure qualité PLUS un délai supplémentaire d'un mois.

Le mois écoulé, dans le meilleur des cas, on obtient un liquide acide agrémenté de filaments violacés que les enfants écarteront de leurs feuilles de salade avec dégoût ou, au pire, un truc imbuvable qui empuantira la cuisine.

Nos nouveaux campagnards se précipiteront vers les spécialités de Maille qui propose « un balsamique pour presque rien » et un vinaigre de framboise qui « déglace le foie de veau comme personne ! ».

Quant au vinaigrier en grès, nous avons transformé le couvercle en cendrier de cuisine, jeté le robinet et mis un bouquet de fleurs séchées dans ce que tout le monde prend pour un vase magnifique !

QUELQUES VÉRITÉS SUR LES CONFITURES

• Ne perdez jamais de vue que les enfants (et même certains adultes) préfèrent le Nutella à la bonne confiture maison.

• Tomates vertes, coings + pommes + cannelle + vanille, oui, ils trouvent ça bon, mais la bonne vieille confiture de fraises toute bête, ils adorent !

• La bassine en cuivre, l'entonnoir, la louche (en cuivre aussi, bien sûr), la balance de chez Conran, les pots de chez Lethu… les fruits, le sucre et le gaz, ça vous met le moindre pot au prix des dernières créations d'Hédiard vendues chez Monoprix (et ça n'est pas peu dire !). Ne parlons pas de celle qui a été oubliée sur le feu ou de celle, pas assez cuite, qui tache toutes les nappes en coulant à travers les trous des tartines…

• À la troisième tournée de confiture de coings, quand votre main droite est endolorie par l'épluchage de ce fruit à la peau aussi dure que du carton, vous avez du mal à sourire à votre voisine qui vous offre un plein panier de ce fruit piriforme. Elle, il y a belle lurette qu'elle préfère les laisser pourrir sur l'arbre (ou vous les donner) plutôt que de passer des heures à confectionner des petits carrés de pâte roulés dans le sucre qui finiront par se racornir dans une boîte en métal.

• Vous aurez toujours une amie (enfin, euh…) pour vous dire que la bonne vraie confiture ne se fait JAMAIS avec les sucres « spécial confiture » : « Je t'assure, c'est très mauvais, c'est chimique, ILS rajoutent de la pectine de synthèse… Si t'as peur que ta confiture ne prenne pas, c'est simple, tu fais du jus de pomme que tu ajoutes à ton mélange, ou mieux, tiens, tu écrases des pépins de pomme, c'est tout simple… ». Moi, j'achète les horreurs chimiques, je mets un peu plus de fruits que ce qui est indiqué sur le paquet, et le premier qui trouve qu'elles sont pas bonnes mes confitures…

• La rhubarbe réduit. Pour en faire plus de quatre pots il faut en éplucher une montagne.

• La confiture de framboises : si vous avez une haie de framboisiers ou un producteur proche qui vous vend ces délicieuses baies bon marché, allez-y. Sinon, au prix de la barquette et d'une bonbonne de gaz, préférez les mûres – elles ne coûtent rien. Enfin presque, car il faut compter le prix des gants en caoutchouc. Je ne plaisante pas. Ramassez et triez dix kilos de mûres à mains nues, vous me direz ensuite pendant combien de temps vous avez eu les doigts et les ongles d'un joli ton violacé foncé.

L'intégration

Le néorural a adopté son nouvel environnement et s'attend à ce que la réciproque soit vraie. La plupart du temps, il sera en effet adopté.

On lui saura gré d'avoir choisi le hameau, le bourg, le village pour venir recommencer une nouvelle vie. On lui vantera d'ailleurs les mérites de l'endroit en lui décrivant par le menu les inconvénients des autres hameaux, bourgs ou villages qu'il aurait pu avoir la sottise de choisir. On s'appesantira sur la chance qu'il a d'avoir quitté la ville et ses horreurs.

Vous verrez, votre interlocuteur aura toujours un beau-frère ou un neveu qui a été obligé d'aller vivre en ville quelques mois, voire quelques années, et qui lui a tout raconté. Cela paraissait tellement effrayant qu'il pensait même qu'il exagérait. Si vous voulez être bien vu, répondez que non, le beau-frère n'en rajoutait pas, on peut même dire que c'est encore pire ! Vous devez absolument renier la ville si vous voulez appartenir à la campagne. Condamnez de façon catégorique et définitive la vie des citadins à chaque fois qu'on vous en donne l'occasion.

Vous serez dorénavant un habitant de l'endroit, certains de vos voisins deviendront des amis, mais ne vous y trompez pas : vous resterez le Parisien, le Lyonnais, le Belge… Pour faire partie d'une communauté villageoise, il faut avoir au moins un enfant à l'école et un père au cimetière. Mais qu'importe, si vous acceptez de dire je suis Breusois (si vous vous êtes installé à Breuse) D'ADOPTION, en un mot, si vous acceptez votre différence, les autochtones vous réserveront un accueil agréable.

VOUS VOUS INTÉGREREZ BIEN SI…

- Vous participez au comité des fêtes quand on vous le propose. Mais surtout, dès la première réunion, ne proposez pas de remplacer le défilé des majorettes par un concert de musique baroque dans l'église romane du village.
- Vous ne prenez pas l'air offusqué quand la fermière à qui vous achetez une oie vous demande si c'est pour manger à Noël. Elle ignore que c'est pour faire joli dans votre basse-cour et que l'idée de déguster un animal que vous aurez élevé vous révulse.
- Vous n'agitez pas violemment un objet quelconque le long de l'enclos où paissent tranquillement les vaches

du père François. Même si vous pensez qu'il n'y a pas de taureau parmi elles, elles vont finir par s'énerver – comme le père François lui-même. Il déteste vous voir jouer les toreros avec son cheptel.

• Vous riez de bon cœur à chaque fois que quelqu'un vous dit, en se tapant sur les cuisses : « C'est vrai qu'en ville vous ne savez pas…

… qu'il arrive que les chiens se coincent dans les chiennes,

… qu'on n'allume pas le feu avec des branches encore vertes,

… que les petits pois, les lentilles et les haricots poussent dans des cosses,

… que les bœufs sont des taureaux castrés. »

VOUS SEREZ PRESQUE CAMPAGNARD QUAND…

• Vous vous réjouirez parce qu'il pleut.

• Vous ne mettrez plus le couvert dehors pour dîner ou déjeuner alors qu'il fait trop chaud ou trop froid.

• Vous ne vous promènerez plus en tee-shirt dans la maison quand il fait - 15 °C dehors.

• Vous ne ferez du feu dans la cheminée que lorsqu'il fait très froid et que vous n'aurez pas besoin d'ouvrir les portes pour supporter une petite flambée.

• On viendra vous demander un coup de main pour aider Marcel à sortir sa remorque d'un fossé.

• Vous accepterez que vos faits et gestes soient connus

de tous et que vous préférerez ça à l'indifférence des villes [1].

Les enfants

Les enfants des résidents secondaires peuvent rester en ville ou aller chez les grands-parents s'ils ne suivent pas leurs parents à Puitrichard. Les petits rurbains, pour la plupart nés dans la zone périurbaine où ils vivent, sont adaptés à leur environnement. Le cas des enfants des néoruraux est beaucoup plus complexe. Le passage de la ville à la campagne s'apparente à une transplantation qui réussit ou non.

Plus ils sont petits, plus le départ à la campagne se passe bien. Jusqu'à onze ou douze ans, à part la séparation avec les copains d'école (mais vous avez promis de les inviter aux prochaines vacances), la nouvelle vie leur paraît pleine d'attraits. Ils pourront pratiquer leurs sports favoris plus facilement, surtout si l'un des parents est d'accord pour se transformer en chauffeur de taxi les mercredis, samedis et dimanches après-midi.

À partir de la sixième pour certains, plus tard pour d'autres, la bourgade où se trouve leur collège est tou-

1. Vous verrez, vous ne resterez jamais embourbé quelque part avec votre 4x4 : il y aura toujours un agriculteur qui viendra vous dépanner. Vous pourrez même oublier les phares de votre voiture une nuit entière : un voisin complaisant mettra son véhicule à votre disposition pour recharger votre batterie.

jours la ville de province « la plus nulle » de la terre. « Il ne s'y passe jamais rien, qu'est-ce qu'on est venu s'enterrer dans cette ville de m… ? »

Vous ne pourrez pas vous empêcher de riposter :

« Dépêche-toi de passer ton bac et tu iras faire tes études à Paris, Lyon, Aix, Lille ou Strasbourg.

– C'est tout ce que tu trouves à me dire ? »

Cette réponse ne fera pas avancer le dialogue, mais elle est probable.

Tout le monde sait qu'à partir d'un certain âge, TOUS les enfants sont mieux ailleurs qu'à l'endroit où ils sont : il n'y a pas de raison pour que les verts pâturages et l'éloignement du stress et de la pollution de la ville les comblent d'aise comme vous. Si vous étiez resté en ville, c'est le quartier, l'immeuble, l'appart' ou le bahut qui auraient été « nuls à c… ». Alors pas de complexes, profitez du bon air, faites le chauffeur de taxi et sachez que vous fabriquez à vos petits des souvenirs de nature qui feront d'eux des citadins rêvant d'air pur, des néonéoruraux ou même une nouvelle souche locale !

Il y a quand même deux avantages à élever des enfants au vert :

– grâce à ceux qui sont scolarisés, vous vous faites très vite de nouveaux amis, à savoir les parents des copains d'école de votre progéniture ;

– les grands adolescents de vingt-cinq ans ne s'attardent jamais au fond des campagnes, alors qu'ils n'arrivent pas à quitter les appartements du VIe arrondissement.

Les loisirs

Le néorural est confronté à la fausse commisération de ses amis restés citadins. Ces derniers se vengent de ne pas avoir le courage (ou la possibilité) de quitter la ville en tentant d'humilier l'heureux campagnard : « Sur le plan culturel, vous devez quand même souffrir, non ? »

Ils tombent à côté. Les théâtres et opéras de province n'ont évidemment pas la programmation variée et prestigieuse de ceux des grandes métropoles. Mais quand vous serez devenu néorural, demandez à ces inquiets combien d'opéras, de concerts ou de pièces de théâtre ils voient chaque hiver. Vous, aussitôt qu'une représentation intéressante[1] est annoncée dans un périmètre de cinquante kilomètres de votre résidence, vous vous y précipitez.

C'est moins cher qu'à Paris, Lyon ou Marseille. Il y a toujours de la place un mois avant la date prévue. Vous vous garez sans problème devant le lieu du spectacle et souvent, un ami aura prévu un petit « mangement[2] » chez lui après. Même lorsque les artistes n'ont pas la renommée internationale de ceux qui se produisent sur

1. Il y en a énormément. La province reçoit à la fois les spectacles en tournée et ceux qui n'ont pas encore été découverts. C'est dire que les amateurs, quel que soit l'endroit où ils se trouvent, sont rarement frustrés.

2. Dans le Bourbonnais, c'est comme ça que l'on désigne un petit casse-croûte sans façons dégusté entre amis. Même si elle ne s'appelle pas ainsi dans toutes les campagnes de France, cette pratique est répandue partout.

les grandes scènes, leurs performances dans la cour d'un château, sous les tilleuls d'une place pavée, devant un vieil hôtel Renaissance ou dans une chapelle couverte de fresques du XIIe font vivre des émotions inoubliables.

Inutile de rappeler que les films sortent partout en France le même jour. Les habitants de Montparnasse ou du Quartier latin seront un peu pris au dépourvu par la programmation des quatre salles de Châteaurenard, où certains longs-métrages ne passent qu'une semaine – celle où, précisément, on n'a pas une soirée de libre. Faire vingt kilomètres sous la neige dans le seul but de ne pas louper Gérard Depardieu est parfois au-dessus des forces du néorural. Il reste les locations de DVD et les soirées entre copains pour regarder les films que l'on a ratés la saison dernière – ce qui n'est pas mal non plus.

Les soirs d'hiver, après dîner, lorsqu'on se retrouve devant le feu qui crépite ou dès les premiers beaux jours, quand on reste dehors à contempler les étoiles jusqu'à point d'heure, on ne regrette plus les queues des cinémas des Champs-Élysées.

Ils insisteront, vous verrez. « Et les expositions ? Les expositions, tu ne vas pas me dire que tu en vois beaucoup quand même ! » Parce que eux, oui. Ils font la queue quatre heures pour apercevoir le quart d'un tableau entre deux têtes. Ou ils ne voient rien du tout car ils attendent qu'il y ait moins de monde et quand il y a moins de monde… l'exposition est finie. Ou tout simplement, ils décident de ne pas s'y rendre du tout – savoir qu'ils peuvent y aller leur suffit. Vérifiez. Interrogez les guichetiers de musées et des galeries : ils vous diront que la majorité des visiteurs sont des provinciaux ou des étrangers.

Il y a quelques bémols à cette situation apparemment idyllique. Ainsi, les pléthoriques fêtes, salons et foires du livre de province sont des manifestations de plus en plus déprimantes au fur et à mesure qu'elles se multiplient.

HORS DE PARIS, BRIVE ET SAINT-MALO, POINT DE SALUT

Un salon du livre en province se déroule – à peu de choses près – toujours de la même façon.

• Cinq (ou cinquante) libraires disposent vingt (ou soixante) tréteaux et planches dans une salle pas faite pour ça parfois agrémentée de cimaises de fortune.

• Trente (ou cent cinquante) auteurs et illustrateurs font le déplacement et découvrent les richesses du patrimoine architectural local sous la forme d'une médiathèque, d'un gymnase ou d'un marché couvert.

• Le matin, derrière leurs douze livres chacun, lesdits auteurs écoutent patiemment les allocutions de monsieur le maire, de l'organisateur de la foire, du représentant du président du conseil général, du second adjoint du directeur de la Drac et attendent les visiteurs qui ne viendront en nombre qu'à partir de trois heures de l'après-midi.

• Après avoir avalé un plateau-repas dans une cantine locale au cours d'un déjeuner partagé avec les bibliothécaires du coin et les autres écrivains, les auteurs se réinstallent derrière leurs tables.

• Ceux dont la renommée a dépassé les limites du département et devant qui s'arrêtent toutes les deux heures un lecteur (et même parfois un acheteur), subissent les regards envieux des poètes autoédités dont les mines implorantes n'arrêtent pas le moindre visiteur.

• Le soir, les organisateurs se félicitent auprès des correspondants de la presse régionale du nombre des visiteurs. Personne n'a la cruauté de leur demander de soustraire de leurs chiffres les membres proches des familles des auteurs

• Dans le meilleur des cas, chaque auteur aura dédicacé trois livres.

Ce tableau peut sembler noir. Il y a des exceptions : des endroits où les œuvres d'art exposées sur les cimaises dont nous parlons plus haut ne sont pas hideuses et où des réunions d'écrivains de qualité déclenchent l'enthousiasme de lecteurs avides de bonne littérature…

Brocantes et vide-greniers vous laisseront aussi sur votre faim. Il y a encore dix ans, on pouvait y dénicher meubles et objets d'antan. Aujourd'hui attendez-vous à y voir surtout ce dont vous-même aimeriez vous débarrasser.

La vie professionnelle

Celui pour qui elle est impossible hors de la cité reste en ville à moins qu'il ne devienne, comme nous l'avons vu précédemment, un rurbain.

Les autres transportent leur activité au vert ou la créent. Dans le premier cas, les nouvelles technologies leur permettent d'exercer leur profession depuis leur havre de paix. Dans le second, ils s'appuient sur des organismes aux sigles compliqués et aux rouages qui le sont encore plus pour obtenir aides et subventions. Ces dernières sont maigrichonnes, malgré les promesses de tous les départements de France qui s'arrachent les néoruraux afin de lutter contre la désertification de leur région.

Les difficultés ou les réussites de la vie professionnelle n'étant guère différentes entre la ville et la campagne, nous ne nous étendrons pas davantage sur ce sujet. Dans ce domaine, la seule pratique vraiment originale est la création de chambres d'hôtes.

CHAPITRE 6

L'hôte

Dans notre langue, celui qui reçoit est désigné par le même vocable que celui qui est reçu. En résumé, un hôte reçoit un hôte.

Du coup, certains propriétaires de chambres d'hôtes appellent leurs hôtes des clients. Ce n'est pas faux puisqu'ils paient. Mais de même que les médecins répugnent à traiter leurs patients de clients, l'hôte digne de ce nom qualifie d'hôtes les personnes qui s'arrêtent chez lui.

Cet hôte-là tente d'arrondir ses fins de mois, de restaurer les communs de sa propriété ou de gagner de quoi l'entretenir en organisant chez lui des chambres d'hôtes.

Celui qui en fait son unique gagne-pain – et donc se rapproche d'un professionnel de l'hôtellerie – est moins intéressant à observer.

Les milliers de mas, bastides, castels et domaines dont les panneaux défigurent nos charmantes routes provençales sont pour la plupart des entreprises purement commerciales. On en voit même qui affichent les prix de leurs menus comme de vulgaires bistrots !

Qui sont-ils ?

Si le profil des propriétaires de chambres d'hôtes est assez diversifié, les gens qui viennent chez eux ont des traits communs.

QUELQUES VÉRITÉS SUR LES HÔTES

• Certains hôtes, qui voyagent beaucoup et « ne descendent qu'en chambres d'hôtes » vont vous expliquer ce que c'est : il faut les laisser dire, ils ont souvent raison…

• Tous les Hollandais qui descendent vers le sud ne portent pas des shorts et des sandales. Certains sont professeurs d'université, chefs d'orchestre… Toutes les Anglaises ne sont pas rousses.

• Les Parisiens ferment leur voiture à clef même si la propriété est entourée de douves et que le pont-levis est relevé.

• Un Anglais ne refuse JAMAIS une tasse de thé. Il ne faut surtout pas lui en proposer si vous espérez qu'il ne va pas en vouloir.

• C'est à trois heures du matin, quand vous tombez de fatigue, que l'hôte vous demande : « Ça ne vous épuise pas trop d'avoir du monde chez vous tout le temps ? »

• Les hôtes qui vous font lever aux aurores pour leur préparer un petit déjeuner à huit heures et qui descendent la bouche en cœur à dix heures sont rares mais ils existent !
• La restauration de châteaux et de manoirs n'est pas subventionnée à 100 % par les offices du tourisme ni même par la région comme essaient de le faire croire certains élus locaux. La majeure partie des travaux est financée par le propriétaire de lieux, l'État donnant parfois quelques subsides.
• L'hôte a toujours une tante, une cousine, une belle-sœur qui a eu des chambres d'hôtes, en a ou va en avoir. Lui-même y pense d'ailleurs très sérieusement : « Jacqueline, on vend l'appartement de Clichy et on transforme la maison de ta mère dans la Creuse... »
• Ce point est le corollaire du précédent : un hôte sur deux ose demander si ça rapporte « de faire chambres d'hôtes ».

C'est souvent après quelques séjours dans des chambres d'hôtes de rêve que l'on décide de sauter le pas. On ajoute des salles de bains à deux pièces qui ne servaient à rien pour les transformer en suites de charme selon les critères du *Guide Rivages*, bible en la matière.

Les débuts sont enchanteurs. Le conseil général du département, par l'intermédiaire des Gîtes de France, participe financièrement à l'aménagement des chambres et dispense quelques conseils pratiques. On commence au printemps. La note de chauffage sera pour plus tard. Les hôtes affluent. Ils viennent assister à des mariages et à des fêtes de famille, font halte sur le chemin de la grande bleue ou se promènent en amoureux.

Tout est beau, tout est neuf. Se coucher à trois heures du matin pour se relever à sept n'a pas encore épuisé vos réserves d'énergie. Refaire quatre chambres en grand trois fois par semaine, préparer douze petits déjeuners et douze dîners par jour (et je ne vous parle pas de la vaisselle), faire les courses et le potager, ranger la maison et entretenir le jardin vous laisse encore de bonne humeur. Selon l'âge, la forme physique et la disponibilité d'esprit cet état de grâce va durer plus ou moins longtemps.

Les habitués des chambres d'hôtes ne s'y trompent pas. Ils reconnaissent au premier coup d'œil l'hôte débutant de celui qui entame sa douzième saison.

Reconnaître le nouvel hôte de l'ancien

• Le nouveau prend toujours l'apéritif avec ses hôtes. L'ancien propose un verre en espérant que l'hôte fatigué va monter se rafraîchir dans sa chambre et redescendre pour passer à table.

• Le nouveau virevolte autour de la table du petit déjeuner en s'enquérant des désirs de ses hôtes : « Je vous apporte quelques toasts en plus ? Voulez-vous encore du café ? » L'ancien a posé deux Thermos : « Vous avez du café et des sachets de thé ici, de l'eau chaude là. »

• Le nouveau fait des plans pour indiquer à ses hôtes où aller se promener. L'ancien dispose les prospectus des divers offices de tourisme de la région sur le guéridon du salon.

• Le nouveau se décarcasse pour trouver le téléphone de l'hôte qui a oublié sa serviette de bain. L'ancien attend quelques semaines et, sans nouvelles de l'étourdi, ajoute cette serviette à celles qu'il met à la disposition de ses hôtes au bord de la piscine.

• Le nouveau offre whisky et porto en apéritif. Il n'a normalement pas le droit mais ça lui fait plaisir. L'ancien respecte la loi – et sa marge – en proposant un verre de vin, parfois un kir.

Vous l'aurez compris, être un bon hôte n'est pas une sinécure : comme toutes les occupations humaines, c'est une activité qui comporte des moments fabuleux, et l'inverse.

Le pire et le meilleur

Le pire…

• Vous avez oublié une réservation. Personne n'y échappe ! Vous venez de passer une semaine éreintante.

Il est cinq heures, on est dimanche soir et les derniers hôtes viennent de partir. La maison est sens dessus dessous. Vous décompressez au bord de la piscine, en culotte et pas coiffée. Votre mari est parti s'allonger. On sonne à la grille, les chiens aboient. Vous attrapez un peignoir et vous vous précipitez. Ils sont cinq. Ils ont réservé depuis trois mois et s'étonnent de votre mine déconfite : « On s'est trompés ? Vous ne nous attendiez pas ? » « Mais si bien sûr, entrez, je vous en prie. Juste le temps de finir quelque chose et je vous montre vos chambres. En attendant, venez boire un verre. »
Pendant qu'ils se désaltèrent, vous réveillez votre mari, appelez une voisine à la rescousse et en une demi-heure de panique absolue, vous préparez trois chambres et cinq dîners. Quand vous montez vous coucher sept heures plus tard, vos hôtes ravis ne se sont aperçus de rien. Vous êtes au bord de la crise cardiaque.
La fois d'après – il y a toujours une fois d'après –, vous dites la vérité : « Mon Dieu, j'ai fait une erreur sur mon cahier, je ne vous attendais que demain. Excusez-moi. Venez prendre un verre et je fais le nécessaire. »
Vous faites la même chose que plus haut mais sans vous énerver. Vous épargnez ainsi une soupière et deux verres en cristal. Vous chouchoutez un peu plus vos hôtes, qui vous pardonnent votre étourderie.

• Votre chien, d'habitude si gentil, attaque le yorkshire d'une dame qui vous a expliqué que son toutou était ce qu'elle avait de plus cher au monde. Vous avez un mal fou à séparer les deux animaux et acceptez que cette hôte, qui devait rester quatre jours, parte dès le lendemain matin pour ne plus jamais revenir.

• Ce même chien si gentil accueille à sa manière chaleureuse l'un de vos anciens habitués en sautant sauvagement sur la porte avant gauche de sa jaguar flambant neuve…

• Une Hollandaise qui a apprécié le sancerre réclame l'aide de votre mari pour se tartiner de crème solaire et se jette dans les bras d'un père de famille luxembourgeois qui n'en demandait pas tant. Il faut la gentillesse et la compréhension de tous pour la faire rentrer dans sa chambre sans incident majeur.

• Un hôte part une heure après être arrivé pour cause de hérisson mort sur le pas de sa porte, ou parce qu'il y a un moustique dans sa chambre et que sa femme est allergique…

• Certains hôtes vous prennent pour une dangereuse maniaque parce que vous leur demandez gentiment de ne pas jeter les mégots sur la pelouse

• Il y a aussi les enfants mal élevés. Vous avez dit sans réfléchir : « On dit un verre de Coca S'IL VOUS PLAÎT, MADAME. » Soit l'enfant vous tire la langue et les parents se demandent pourquoi vous ne trouvez pas leur petit Arthur délicieusement drôle. Le séjour de ces gens va vous être pénible. Soit la mère ravie : « Arthur, comment faut-il te dire d'être poli ? » Alors là, ça ne va pas être mieux car vous allez devenir père ou mère fouettard pendant deux jours. « Arthur, si tu ne sors pas de l'eau tout de suite, la dame va te gronder », « Arthur, je vais demander au monsieur de venir te mettre ta chemise… »

Le meilleur

• Les hôtes tellement contents qu'ils :

– reviennent chaque année en vous apportant quelques bouteilles de bière de chez eux s'ils sont Belges, des savons à la lavande s'ils arrivent de Marseille…

– vous envoient une carte ou un mail dès qu'ils sont partis pour vous remercier de votre accueil,

- vous recommandent à tous leurs proches.

• Les hôtes qui se sont rencontrés chez vous et reviennent ensemble à la moindre occasion.

• Le camarade de classe oublié depuis quarante-cinq ans qui descend chez vous par hasard.

• Le couple qui vient fêter ses trente ans de mariage avec l'argent économisé par une épouse amoureuse souhaitant faire une surprise à son vieux mari.

• La famille dispersée aux quatre coins de France qui se réunit le temps d'un week-end pour célébrer une grand-mère : elle repart de chez vous les yeux bien humides…

• Etc.

Il faudrait plus d'un livre pour raconter les moments magiques. Ceux qui resteront dans notre mémoire et ceux dont on sait qu'ils seront de beaux souvenirs dans celle de nos hôtes.

C'est d'ailleurs sans doute parce qu'il y a beaucoup de moments forts que gérer une maison d'hôtes ne se fait pas pendant de très longues années. On reçoit – c'est le cas de le dire… – mais on donne aussi beaucoup !

La maison, le jardin, la piscine

Une maison d'hôtes qui se respecte est une maison de charme ne se distinguant d'une maison de charme ordinaire que par un nombre important de salles de bains et des petites serviettes-éponges dans les toilettes.

Une maison d'hôtes a deux fonctions : celle de vous héberger, vous et votre famille, et celle de recevoir des hôtes « comme à la maison ». Même si vous êtes convivial, il est important de marquer que certaines zones de la propriété sont PRIVÉES.

Si la plupart des hôtes sont discrets et respectueux de votre intimité, quelques exceptions sont sans gêne et n'hésiteront pas à emprunter le ballon de foot de votre fils ou le vélo de votre petite-fille. C'est rare, mais ça arrive… Marquez votre territoire !

La piscine et le jardin sont à la disposition de tous les hôtes. Certains souhaitent se reposer. Ils sont contents parfois d'avoir laissé leur marmaille à la maison pour faire une virée en amoureux. Évitez qu'une grappe de petits enfants wallons vienne troubler la promenade bucolique dans le parc de ce romantique couple de Flamingants sous peine d'assister à une reprise de la guerre linguistique.

La table d'hôtes

Après une longue route, l'hôte apprécie de ne pas avoir à ressortir pour dîner. De plus, il veut parler. Pas de lui, de vous. De votre région, de votre village, de votre vie, de la politique agricole française… de préférence jusqu'à trois heures du matin. Il oublie évidemment que vous devrez faire la vaisselle quand il montera se coucher et préparer le petit déjeuner pour sept heures du matin à un hôte matinal qui, lui, s'est couché à dix heures.

Il est normal que vous lui fassiez la causette puisqu'il est descendu chez vous pour ça. Sinon, il serait allé dans un Mercure ou un Formule 2 où il aurait échangé ses impressions avec un interphone au mieux, ou un lecteur de carte bleue au pire.

En général, l'hôte mange de tout. Il préfère toutefois le « régional », le local. Néanmoins, même si vous êtes au beau milieu de l'Auvergne, un Belge ou Hollandais ne rechigneront pas à déguster un aïoli provençal, un coq au vin de Cahors ou même une bonne salade de tomates au basilic et à la feta. Ça vient du sud, c'est bon, ça fait vacances.

Ce qu'il recherche avant tout, c'est la convivialité et la qualité, pas le luxe. Un petit vin de pays, même servi en carafe, lui fera autant d'effet qu'un grand cru si vous savez en parler avec les mots qu'il faut, chaleureusement et sans chichis. Surtout si vous le facturez au prix d'un petit vin de pays : il ne s'agit pas de refiler une affreuse piquette tarifée comme un bon bordeaux sous prétexte que c'est du coin !

Les activités

L'hôte qui séjourne aime les randonnées, les visites (d'églises, de châteaux, de musées ou de sites remarquables) et les diverses activités organisées dans la région. C'est au maître de maison qu'il va demander adresses et conseils. Les organismes chargés du tourisme mettent à la disposition des propriétaires de maisons d'hôtes des kilos de brochures. Elles finissent dans les poubelles. Le touriste préfère qu'on lui parle plutôt que de se plonger dans des dépliants impersonnels.

Ne croyez pas qu'il peut se renseigner auprès des offices de tourisme des environs. Ces officines ferment entre midi et quatorze heures puisque, à cette heure-là, personne ne cherche une adresse où se restaurer ou quelque chose à faire en début d'après-midi. Elles ferment également leurs portes à dix-sept heures et toute la journée du dimanche car les vacanciers n'ont besoin d'aucune information sur un éventuel hébergement après cinq heures du soir et le jour du Seigneur !

Les enfants

Ici, il y a très peu d'exceptions. Qu'ils vivent avec vous ou qu'ils ne viennent que pour les vacances, vos enfants DÉTESTENT qu'il y ait des hôtes chez vous puisque c'est aussi chez eux.

Vous aurez beau essayer d'amadouer votre ado de seize ans en lui annonçant que « demain, on a un couple d'Anglais avec deux filles de seize et dix-sept ans », vos trentenaires en leur précisant qu'« on a eu des gens passionnants, lui était chercheur à Princeton », les hôtes sont des intrus. Votre progéniture veut bien faire bonne figure mais « ne nous demande pas, EN PLUS, de trouver ça sympa ! ».

L'idéal est de ne pas recevoir d'hôtes quand vos grands enfants viennent se reposer et de ne pas faire dîner vos enfants plus jeunes avec vos convives. Tout est une question d'organisation…

CHAPITRE 7

Le campagnard étranger

L'étranger résident secondaire souhaite à la fois conserver son identité nationale et s'intégrer. Au Pays basque, dès le lendemain de son implantation dans la région, il s'habille en rouge et blanc mais continue à parler anglais avec un accent à couper au couteau.

S'il villégiature en Provence et qu'il parle un peu le français, pour « faire local » il ajoute la terminaison en « ou » à la fin de chaque mot qu'il prononce. Petit à petit, le lavandOU déteint sur lui. Il n'achète plus de baguettes mais exclusivement des fougasses. Même les Écossais se mettent à préférer le Ricard au bon vieux scotch. On en surprend, dans certains bars de villages du Luberon, à comparer les mérites respectifs du Ricard, du Pastis 51 et du Casanis. Au cinquième verre de l'une de ces boissons anisées, ils s'embarquent dans une partie de boules et perdent leur culotte. Qu'importe ! Ils sont contents d'avoir tutoyé comme un frère Marius et Riri, deux similipêcheurs de Saint-Tropez. « Alors John, tu pointes ou tu tires ? »

Sauf la plupart des Hollandais à qui l'on reproche de rester entre eux, les étrangers qui viennent s'installer en France cherchent à mener la vie de ceux qu'ils vont côtoyer. Leur comportement peut s'apparenter à celui des néoruraux dont nous venons de parler. Comme eux, il leur arrive d'ouvrir des chambres d'hôtes, ils apprennent la nature et ses lois et se font admettre par un voisinage qui s'habitue de plus en plus à la présence de gens différents.

Le look

On reconnaît facilement les campagnards étrangers, surtout ceux qui viennent du Nord si l'on est dans le Sud. Les peaux blondes des Vikings ne bronzent pas mais rougissent. Le premier jour au premier degré, le deuxième jour au deuxième degré et le troisième jour…

Ces mêmes Vikings se coiffent parfois d'un béret basque dès leur arrivée dans le pays de la chistera. C'est inutile quand on ressemble à Robert Redford : même avec un couvre-chef local, on se fait remarquer sur le marché d'Espelette.

Pour le reste, il faut avouer que l'uniformité vestimentaire européenne ne permet plus de différencier les étrangers. À part quelques Allemands qui portent encore des chaussettes blanches dans des sandales ouvertes et certains Anglais qui ne quittent jamais leur short, même quand il fait −5 °C, les campagnards étrangers se distinguent plus par leur reste d'accent que par leur look.

État des lieux

De toute façon, quelles que soient leurs origines ou leurs manies, ils sont en général sympathiques et pro-francais. C'est pour cela qu'ils sont là, parce qu'ils nous aiment. Ou du moins parce qu'ils aiment notre « douce France ». Il est vrai que s'ils ont acheté une ferme de quinze hectares dans le Lot, c'est parce qu'elle coûte le quart du prix d'un studio à Berlin ou d'un deux pièces avec vue sur usine à Birmingham. Mais c'est aussi parce qu'ils préfèrent le foie gras aux œufs au bacon et la douceur de notre climat aux miasmes londoniens.

Ils ont souvent les moyens de restaurer avec goût des maisons qui, sans eux, seraient tombées en ruines ; ils paient parfois la taxe foncière la plus élevée du village.

Ils finissent par faire partie du pays même si on continue à les appeler « l'Anglais » ou « le Hollandais ». Leurs enfants perdront certainement ce qualificatif, à condition toutefois qu'ils épousent un gars ou une fille de « chez nous ».

Annexes

Annexe 1

Il est une chose qui concerne toutes nos catégories de nouveaux campagnards et dont nous n'avons pas encore parlé. Il s'agit justement du parler. Dans toutes les régions de France subsistent des patois et des gens qui le pratiquent encore. Il y a aussi des habitudes de langage. Dans le Bourbonnais, nous avons découvert qu'il fallait ajouter « y » devant le verbe – « je vais y faire » par exemple. Nous nous sommes également aperçus qu'entendre se disait écouter, que fâcher signifiait gronder (« je l'ai écouté dire », « tu vas te faire fâcher si tu rentres tard »).

Ces patois et ces habitudes varient d'un endroit à l'autre. En revanche, ce qui est identique sur l'ensemble de notre territoire, c'est l'usage immodéré des sigles. Ces acronymes sont en nombre considérable et nous n'avons pas l'intention de transformer ce livre en dictionnaire.

Cependant, il en existe quelques-uns dont la connaissance est indispensable à celui qui arrive à la campagne. Ils ponctuent le discours de tous les autochtones. Peu importe de bien connaître ce que recouvrent ces abréviations, l'important, c'est de savoir en parler.

Sachez-le, l'ex-citadin qui parvient à en émailler son discours avec naturel et à bon escient est sur la voie de l'intégration.

• La SAFER est formidable quand elle protège un ami agriculteur des appétits fonciers d'un « estranger ». Lorsqu'elle préempte des prés que lorgnait une connaissance pour agrandir sa propriété, elle est traitée avec mépris, voire colère…

• La DDE est bénie si elle enterre les lignes électriques qui défiguraient les petites rues médiévales du village. Elle n'est plus du tout appréciée si elle refuse les permis de construire déposés pour agrandir des granges.

• L'ONF a toujours raison quand il fait de la pédagogie dans les fêtes de la chasse en parlant des arbres et de sylviculture. Lorsqu'il verbalise les ramasseurs de bois mort ou ceux qui pédalent sur les sentiers interdits aux VVT, on a tendance à lui donner tort.

• Les FEDER sont des fonds européens qui paraissent toujours – pour ceux qui n'en ont pas bénéficié – attribués à tort et à travers. Il faut aussi ajouter que le poids et la hauteur des dossiers nécessaires à l'obtention de ces subsides sont en général inversement proportionnels à ceux des sommes allouées.

• PLU, ZAC, ZPPAUP… j'en passe dans cette ribambelle d'acronymes présidant à l'aménagement de nos campagnes. Ce sont des usines à gaz mitonnées par nos énarques les plus zélés. Personne ne sait vraiment à quoi ça sert ni comment on s'en sert, à part quelques initiés – architectes, entrepreneurs, fonctionnaires, maires et conseillers municipaux – dont elles envahissent réunions et rapports. Ne perdez pas votre temps à essayer d'y voir clair, il y en a vraiment beaucoup et elles ont en outre des durées de vie variables. Nous, nous avions enfin fini par comprendre ce qu'était le POS quand il a été subrepticement transformé en PLU !

• Les ACCA, si l'on est chasseur, on est pour, si l'on n'est pas chasseur, on est contre.

• Un GIC sanglier n'est pas un civil blessé par un sanglier mais un groupe de chasseurs responsables (il y en a beaucoup plus que ne le pensent les citadins) qui gèrent intelligemment leur territoire de chasse.

Annexe 2

Au moment où nous mettons sous presse, Jean Testart[1] nous parle du Roundup®, que nous avons évoqué à plusieurs reprises dans cet ouvrage. Il nous apprend que ce désherbant, fort efficace au demeurant,

1. Dans son livre *Le Vélo, le Mur et le Citoyen*, Paris, Belin, coll. « Regards », 2006.

est sûrement plus toxique que vous et moi ne le supposions. Il précise que « les adjuvants indispensables à son action se révèlent redoutables ».

Et voilà. Après « l'abus d'alcool est dangereux pour la santé, consommer avec modération » – qui nous fait refuser le whisky à l'apéritif et diminuer sérieusement nos dégustations de petits vins de campagne –, après les « fumer tue » de nos paquets de cigarettes – qui nous ont transformés en non-fumeurs –, il va falloir maintenant freiner notre consommation de radis du jardin.

Heureusement, les producteurs bio se déchaînent. On en trouve sur tous les marchés. On s'habitue peu à peu à déguster des tomates biscornues, des poires légèrement piquées, des salades avec un peu de terre au pied… Certains proposent même des paniers de leurs produits. Ils les livrent une fois par semaine, même dans les campagnes les plus reculées, comme les maraîchers qui fournissent les maîtresses de maison « tendance » du VIIe arrondissement parisien.